아무것도 못 가진 것이
기회가 된다

WINNING 101

Copyright ⓒ 1998 by Van Crouch Communication, P.O.Box 320, Wheaton, IL 60189, U.S.A.and first publication of the translated work

Translation Copyright ⓒ 2014 by BigTree Publishing Co.
Korean edition is published by arrangement with Access Sales International, Inc.
through Imprima Korea Agency

이 책의 한국어판 저작권은 Imprima Korea Agency를 통해
Access Sales International과의 독점 계약으로 큰나무에 있습니다.
저작권법에 의해 한국 내에서 보호를 받는 저작물이므로
무단전재와 무단복제를 금합니다.

아무것도
못 가진 것이
기회가 된다

밴 크로치 지음
윤규상 옮김

꿈을 그리면
현실이 된다!

큰나무

서문

**현재를 살아가는
모든 분들에게
이 책을 바칩니다**

승리가 무엇을 뜻하느냐는 사람마다 다르다. 어떤 이에게는 권력과 지위이고, 어떤 이에게는 주위 동료들로부터 존경을 받는 것이고, 어떤 이에게는 자기만족이다. 가까운 사람들과의 관계가 좋아지는 것을 승리라고 생각하는 사람들도 적지 않다.

  대부분의 사람들이 승리를 원한다. 부정적이고 비관적인 사람이라고 예외는 아니다. 우리는 승리를 원하고 우리의 운명을 지배하기를 원하지 운명에 지배당하기를 원하지는 않는다. 승리는 일종의 선택이고, 근면과 훈련과 인내를 뜻한다. 승리하려면 올바른 전략과 장단기 목표를 세워야 한다.

누구나 역경에 직면하면 낙담할 때가 있다. 그러한 상황이 지속되면 이대로 나아가느니 그만두는 편이 낫다고 생각하는 때가 있다. 이럴 때 바로 인간적인 한계를 뛰어넘는 희망이 필요하다.

이 책에는 꿈은 어떻게 이루어지며, 업적과 아울러 인격의 측면에서도 승리자가 되려면 어떻게 해야 하는지 밝혀 주고 있다. 또한 예로 든 이야기들은 우리 자신의 삶의 목적을 추구하고, 특히 우리의 궁극의 목적인 용기를 주고 있다.

목차

서문 현재를 살아가는 모든 분들에게 이 책을 바칩니다 4

CHAPTER 1 목표가 있다면 이루지 못할 것이 없다

01 제일 큰 실수는 앞으로 나아가지 않는 것이다 12 | **02** 계획을 세워 모험을 하라. 모험은 경솔함과는 무관한 것이다 14 | **03** 누구나 원하는 일을 하는 데 필요한 것은 그 일을 하고자 하는 의지와 가능하다는 믿음이다 16 | **04** 우주 시대에 가장 중요한 공간은 두 귀 사이에 있다 18 | **05** 인생의 목표를 설정하고 그것을 향해 나아가라 20 | **06** 성공을 위해 노력을 하는 것은 기본이다 22 | **07** 할 수 있다는 신념만 있으면 이루지 못할 것이 없다 24 | **08** 기억하라. 죽은 물고기는 하류로 떠내려오나 산 물고기는 상류로 거슬러 올라간다 26 | **09** 당신이 올바른 길을 가고 있을지라도 그 자리에 주저앉는다면 다시는 일어나지 못할 것이다 28 | **10** 언제라도 다시 일어날 수 있다 30 | **11** 계획 없이 너무 앞서게 되면 많은 사람의 호응을 받을 수 없다 32 | **12** 마지막 종이 울리기 전까지 끊임없이 밀고 나아가라 34 | **13** 자신의 분야에 숙달된 뒤에도 계속해서 배우는 것이 중요하다 36 | **14** 인간의 정신은 한번 새로운 인식에 도달하고 나면 다시는 이전의 수준으로 되돌아가지 않는다 38 | **15** 달성 가능한 인생의 목표를 정하는 사람은 자기 자신의 한계까지도 미리 정해 놓는다 40 | **16** 아무도 지나간 인생을 다시 살지 못한다 42 | **17** 세상에는 의욕적인 사람들로 가득하다 44

CHAPTER 2 다시 도전한다면 결코 실패자가 아니다

01 인간의 자유는 주어진 상황에서 자신의 태도를 결정하는 것으로 끝난다 48 | **02** 2등으로 들어온 사람은 아무도 기억하지 않는다 50 | **03** 나는 실패를 인정한다. 그러나 또 시도한다 52 | **04** 실수를 전혀 하지 않는 사람과 같은 실수를 두 번 반복하는 사람으로부터 벗어나자 54 | **05** 나는 실패하고 내 인생에서 가능한 모든 모험을 할 수 있다 56 | **06** 어려움이 닥친다고 그만두는 것만큼 경솔한 짓은 없다 58 | **07** 나는 실패를 두려워하지 않는다. 단지 내 안의 동력이 멎는 것을 두려워할 뿐이다 60 | **08** 목적지에 도달해서 무엇을 얻는지보다는

어떤 사람이 되느냐가 중요하다 62 | **09** 누구나 천국에 가고 싶어 한다. 그러나 죽고 싶어 하지는 않는다 64 | **10** 성공을 원한다면 어려움을 참고 견뎌라 66 | **11** 실패에 대한 예상이 실패로 이어질 수 있다 68 | **12** '안 된다'는 말도 비싼 것이니 아껴라 70 | **13** 실패한 사람들이 못 가진 습관을 가져야 성공한다 72 | **14** 절반의 성공에 실망을 하지 마라 74 | **15** 실패의 열쇠는 모든 사람을 기쁘게 하려는 것이다 76 | **16** 기회는 고생으로 변장하고 나타난다 78 | **17** '만약'과 '그렇지만'은 실패하는 자들의 전유물이다 80 | **18** 최고로 불리는 사람은 포기를 굴복시킨 자다 82

CHAPTER 3 꿈꾸고 생각하기에 볼 수 없는 것들을 본다

01 어떠한 시련도 의지 앞에 굴복한다 86 | **02** 리더는 도전에 맞설 수 있고 어려움을 이길 수 있으며 위기를 극복할 수 있는 확신을 보여줄 수 있다 88 | **03** 무척 유감이지만 당신을 채용할 수 없소 90 | **04** 즐거운 마음으로 맡은 일을 하면서 통찰력과 판단력을 키워 나아가라 92 | **05** 어떠한 지식보다 상상력이 더 중요하다 94 | **06** 누구든 당신의 꿈을 훔치지 못하게 하라 96 | **07** 매 순간 꿈이 우리의 인격을 만든다 98 | **08** 대부분의 사람들이 자신의 한평생을 너무 보잘것없는 것과 바꾼다 100 | **09** 꿈꿀 줄 모르는 자는 이미 죽은 것이나 다름없다 102 | **10** 대다수 사람은 스물다섯 이후에 꿈을 꾸지 않기 때문에 머리부터 죽어가기 시작한다 104 | **11** 성공은 목적지가 아니라 목적지에 이르는 여행이다 106 | **12** 꿈을 계획하는 데 너무 뜸들이지 마라 108 | **13** 취미는 형편이 좋을 때 해도 된다. 그러나 사명은 어떤 어려움이 있어도 반드시 이루어야 한다 110 | **14** 인생은 좋은 패를 가졌다고 성공하는 것이 아니다 112 | **15** 한 해에 두세 번의 생각으로는 성공하기 힘들다. 한 주에 한두 번은 생각하라 114 | **16** 승리보다 중요한 것이 노력이다. 노력의 중심에는 용기가 있다 116 | **17** 당신의 열정은 승리할 수 있는 원동력이다 118 | **18** 인간의 가장 큰 혁명은 마음을 바꾸면 삶도 바뀐다는 것의 발견이다 120 | **19** 최악을 맞이하고 싶거든 아무것도 하지 마라 122 | **20** 대부분의 사람들은 재능이 부족해서 실패하는 게 아니다 124 | **21** 당신이 무슨 일을 한다고 해서 존경받는 것은 아니다 126 | **22** 끝이 보이기 전에는 아직 끝난 것이 아니다 128

CHAPTER 4 누가 리더의 자격을 갖추었는가

01 리더십이란 것은 '값을 치르고 사는' 것이다 132 | 02 내일, 리더가 되느냐 안 되느냐는 오늘 치르는 값에 달렸다 134 | 03 아무런 생각도 하지 않는 사람은 되도록 멀리하라 136 | 04 자신을 리더라고 생각하나 따르는 사람이 없다면 그저 산보 나온 사람에 불과하다 138 | 05 효율적인 관리자는 현재에 살지만 모든 것을 미래에 집중한다 140 | 06 대부분의 사람들이 비판을 받고 고치지 않고 오히려 칭찬을 받고 몰락한다 142 | 07 조직의 심장부를 누가 지휘하느냐에 따라 모든 환경이 달라진다 144 | 08 리더는 해야 할 일과 중요한 일을 알고 있다 146 | 09 리더는 기술을 개발하고 발달시키는 능력이 있다 148 | 10 참된 지도자가 돋보이는 까닭은 지평선 너머의 또 다른 지평선을 볼 수 있기 때문이다 150 | 11 리더십은 스스로에게 민감해질 수 있는 환경이 필요하다는 것을 깨닫게 한다 152 | 12 리더는 구성원에게 자신의 노하우를 전달하고자 노력한다 154 | 13 결단력 없는 사람보다 비참한 사람은 없다 156 | 14 미래의 가능성의 길을 열어주는 자가 참된 경영자다 158 | 15 선두에 서지 않는다면 상황은 변하지 않는다 160

CHAPTER 5 인생을 혼자 살아가려고 하지 마라

01 능력이 아무리 뛰어나더라도 주위에 관심을 가져야 그 사람들 역시 당신에게 관심을 갖는다 164 | 02 말하기 전에 먼저 그 말이 어떤 의미를 갖는지 생각하라 166 | 03 모든 일을 직접 겪으면서 배우기엔 삶이 너무 짧다. 때로는 다른 사람의 실수에서 배우는 것도 필요하다 168 | 04 내가 오늘 무엇을 하느냐가 중요한 이유는 내 인생의 하루를 그것과 바꿔야 하기 때문이다 170 | 05 가장 중요한 일을 가장 사소한 일로 그르쳐서는 안 된다 172 | 06 묘지에서는 최고의 부자가 필요 없다 174 | 07 세상 사람들의 절반은 잘못된 방식으로 행복을 좇고 있다 176 | 08 우리의 생활은 얼마를 버느냐가 중요하지만 우리의 인생은 무엇을 주느냐가 중요하다 178 | 09 위대한 인물의 첫 번째 기준은 겸손이다 180 | 10 혼자 100% 하느니 100명이 1%씩 하는 게 낫다 182 | 11 팀워크는 수많은 경쟁에서 우위를 차지하게 해준다 184 | 12 성장하는 조직은 구성원 모두가 공유하는 목적을 갖고 있다 186 | 13 인생에 있어 중요한 것은 효과적인 의사소통 능력이다 188 | 14 무엇을 말하느냐가 중요

한 게 아니라 어떻게 듣게 하느냐가 중요하다 190 | 15 자기 자신의 됨됨이에 만족하는 것은 좋은 일이 아니다 192 | 16 인생의 풍족함이나 공허함은 다른 사람들의 삶에 어떤 영향을 주었느냐에 의해 결정된다 194

CHAPTER 6 내 삶을 이끄는 것은 무엇인가

01 옳은 일은 언제 어디에서든 할 수 있다 198 | 02 많은 사람들이 고급 요리를 만들어야 할 때 진흙 파이를 갖고 노는 데 열중한다 200 | 03 사람들은 보통 일을 할 때 자신의 에너지와 능력을 25% 정도 발휘하고 만다 202 | 04 물질보다 더 값진 것을 찾아라 204 | 05 저질 중역보다 1급 트럭 운전사가 되는 것이 더 낫다 206 | 06 잘 음미해 보지 않는 인생은 살 가치가 없다 208 | 07 우리의 앞과 뒤에 있는 문제들은 우리 안에 있는 문제에 비하면 큰 문제가 아니다 210 | 08 작은 잘못을 그냥 지나치지 마라. 태산이 될 수 있으니 212 | 09 판단하지 마라. 그래야 실수하지 않는다 214 | 10 모든 사람의 환심을 사려고 자신을 꾸미는 사람은 곧 몸과 마음이 지친다 216 | 11 사소하든 사소하지 않든 모든 일을 중요하게 다루어라 218 | 12 우수함이란 행동이 아니라 습관이다 220 | 13 뛰어난 재능은 결코 우연이 아니다 222 | 14 자신의 능력을 쓰지 못하면 좌절하게 된다 224 | 15 자신이 승낙한 일이라면 어떤 일이 있더라도 불평하지 마라 226 | 16 사람들은 결정하고 그 결정에 책임지면서 성장한다 228 | 17 생각을 바꿔라. 그러면 세상이 바뀔 것이다 230 | 18 인간은 측정 불가능한 가능성을 갖고 있다 232 | 19 전혀 할 필요가 없는 일을 효과적으로 하는 건 아무런 쓸모가 없다 234

역자 후기 승리에 이르는 길에 대한 명쾌한 해답 236

CHAPTER 1
목표가 있다면
이루지 못할 것이 없다

목표는 분명 성취된다는 자신감을 갖고 행동하라.
당신이 옳았다는 것이 반드시 밝혀질 것이다.
오늘 성공하겠다고 다짐하라.

01
01

제일
큰 실수는

**앞으로
나아가지 않는
것이다**

요즘은 건물과 주차장 입구마다 자동문이나 차단기가 설치되어 있다. 그러나 이와 유사한 장치가 시골길에서 주로 사용되다가 오랜 세월이 흐른 뒤에야 도시에서 사용되기 시작했다는 것을 아는 사람은 거의 없다. 자동문과 차단기는 본래 들판에서 풀을 뜯는 소나 양과 같은 짐승들을 효과적으로 돌보기 위해 생겨난 것이다.

  자동문과 차단기는 닫혀 있다가 마차 같이 상당한 무게를 지닌 것이 가까이 다가오면 자동으로 열렸다. 원리는 간단했다. 길바닥에 스프링이 깔려 있어서 무거운 물체가 그 위에 올라가면 무게에 눌려 문이 자동으로 열리게 되어 있었다. 그러나 문이 열렸는데도 지나가지 않고 그 자리에 멈춰서 있으면 문은 자동으로 닫혀 버렸다. 마차를 세우더라도 문을 빠져나온 다음에 세워야지 그렇지 않으면 문 사이에 끼는 낭패를 볼 수 있었다.

우리 앞에 어떤 도전이 놓여 있더라도 반드시 성공으로 이끈다는 믿음을 갖고 앞으로 나아가야 한다. 최선의 노력을 다하지 않으면 문은 열리지 않는다. 설사 문에 바짝 다가갔다가 멈추었더라도 문은 여지없이 닫히고 만다.

우리 앞에 열려 있는 문으로 들어가기를 주저하지 마라. 문을 열고 계속 걸어가라. 그리하면 전에는 알 수 없었던 또 다른 세계가 우리 앞에 펼쳐질 것이다!

01
02

계획을 세워
모험을 하라

**모험은
경솔함과는
무관한 것이다**

6백 년 전 영국의 스콜라 철학자로 옥스퍼드 대학을 졸업한 오컴의 윌리엄은 당대에 가장 총명한 사람 중 한 사람이라고 평가받던 인물이었다. 그러나 그는 교회가 정부에 개입해서는 안 되고 영적인 문제에 집중해야 한다고 주장하면서 교회 정치에 휘말려 들게 되었다.

   그의 주장으로 인해 큰 소동이 일어났기 때문에 그를 미워한 권력층은 그를 없애기로 결정했다. 그는 그런 계획을 눈치채고 변방으로 달아났다. 윌리엄은 그곳에서 훗날 오컴의 면도날로 널리 알려진 도구를 개발했다.

그러나 오컴의 면도날은 본질적으로는 도구가 아니라, 분석 중인 주제에서 모든 불필요한 사실을 제거하고 문제의 핵심에 곧바로 도달하기 위한 사고 방법을 일컫는다. 오컴의 면도날은 문제의 요점을 파악하는 그의 능력에 잘 나타나 있다. 오늘날 이 기법은 사업가들 사이에서 높은 평가를 받을 뿐 아니라 모험과 경솔함 사이의 차이를 결정적으로 보여준다.

모험은 늘 양질의 정보와 신중한 전략, 그리고 명료한 인식에 근거를 두어야 한다.

01
03

누구나 원하는 일을 하는 데
필요한 것은

**그 일을
하고자 하는 의지와
가능하다는 믿음이다**

리처드 드 보와 제이 반 앤델은 시작은 미약해도 나중에 큰 일을 이룰 수 있으리라고 믿고 자신들의 차고에서 암웨이 회사를 시작했다.

 인생에서 위대한 일은 "인생을 걸고 이 일을 꼭 이루고야 말겠다"고 결심할 때 시작된다. 당신은 당신 앞에 놓인 길들을 볼 수 있어야 한다. 당신은 더 훌륭해질 수 있다는 것을 마음 깊은 곳에서 알고 있어야 한다. 그리고 나서 당신의 관심을 잡아끄는 것, 곧 당신이 마음 깊이 바라는 것을 찾아야 한다. 그리고 그 일에 온 정력을 쏟아야 한다.

영국의 소설가 J. B. 프리스틀리는 젊은 시절에 그와 친구로 지내던 많은 작가들이 뛰어난 재능을 갖고 있었음에도 완숙한 경지에 이르지 못하고 스러지고 만 반면에 그는 유명 작가로 성장할 수 있었던 이유가 어디에 있느냐는 질문을 받고 이렇게 대답했다.

"그들과 내가 달라진 것은 재능 때문이 아니라, 그들이 글쓰기를 한때의 매혹적인 유흥으로만 여겼기 때문이다. 나는 글쓰기에 나의 온 정력을 다했다. 나는 다만 내가 하는 일에 정력을 불태웠을 따름이다."

당신은 온 정력을 불태울 만한 일을 하고 있는가? 그렇다면 당신 자신의 열정이 당신의 꿈을 현실로 만들기 위해 열심히 일해야 한다.

01
04

우주 시대에
가장 중요한 공간은

두 귀
사이에
있다

한 무리의 과학자들에게 한 사람의 뇌가 일생 동안 자동적으로 수행하는 기능과 똑같은 기능을 하려면 얼마만 한 크기의 기계와 냉동 장치와 동력이 필요한지를 물었다.

그들은 "뉴욕에 있는 유엔 건물 크기의 기계와 나이아가라 폭포와 비슷한 출력을 갖춘 냉동 장치와 캘리포니아 주의 가정과 산업 전체에 쓰이는 전기를 생산해낼 만한 동력"이 있어야 한다고 결론지었다.

또 어떤 과학자는 사람의 뇌는 평생 동안 배운 지식 가운

데 겨우 10% 미만을 기억하지만 그 양은 미 의회 도서관에 소장된 정보의 열 배가 넘는 즉 2천만 권 이상의 정보를 기억하는 양이라고 추산했다.

우리가 갖고 있는 가장 중요한 자원은 정신이다. 정신을 잘 써야 한다. 미디어나 점쟁이가 지배하도록 방치해서는 안 된다.

01
05

인생의 목표를
설정하고

**그것을
향해
나아가라**

저명한 과학자이자 발명가인 찰스 F. 케터링은 패배를 극복하는 가장 손쉬운 방법은 실패의 가능성을 철저히 무시하는 데 있다고 믿었다. 그는 오하이오 그랜빌에 있는 데니슨 대학교에서 이 주제와 관련한 연설을 한 적이 있다. 그는 자신이 제너럴모터스의 실험실에서 일할 때 젊은 연구자에게 대단히 어려운 연구 과제를 내주었다고 했다.

    케터링은 그가 어떻게 행동하는지 알고 싶어서 제너럴모터스의 도서관에 보관되어 있는 그 주제와 관련된 논문들을 살펴보는 것을 허용하지 않았다. 그 논문들은 전문가들이 쓴 것으로 케터링이 내준 과제가 해결 불가능한 이유와 상세한 통계가 담겨 있었다.

자신의 노력이 효과가 없다는 것을 모르는 젊은 연구자는 과제를 갖고 씨름했고, 케터링이 낸 문제를 푸는 데 성공했다.

목표는 분명 성취된다는 자신감을 갖고 행동하라. 당신이 옳았다는 것이 반드시 밝혀질 것이다. 오늘 성공하겠다고 다짐하라.

01
06

성공을
위해

**노력을
하는 것은
기본이다**

진정한 용기와 관련하여 내가 들은 가장 놀라운 이야기 중의 하나가 낸시 메르키의 이야기다. 그녀는 10살 때 심한 소아마비에 걸려 언제나 목발을 짚고 다녀야 하는 신세가 되었다. 그러나 낸시는 자신의 처지를 어쩔 수 없는 운명으로 받아들이지 않았다.

  부모는 그녀를 포틀랜드의 한 운동 센터의 수영 코치였던 잭 코디에게 데리고 갔다. 그들은 코디가 수영 치료로 낸시의 다리 근육을 강화시키는 데 도움을 줄 수 있을 것이라고 믿었다. 코디는 1년여에 걸쳐 낸시에게 풀장을 헤엄쳐 건너는 법을 가르쳤다. 낸시는 반드시 해내겠다는 굳은 결의로 코디가 이끄는 대로 따라갔다.

코디는 이러한 낸시를 보고 그녀가 소아마비를 치료하고 건강을 회복하는 데에만 관심이 있는 것이 아니라 수영 챔피언이 되고자 하는 의욕에 불타고 있다는 것을 서서히 깨닫기 시작했다. 낸시는 4년 후에 캘리포니아 산타 바바라에서 열린 한 수영 대회에서 3등으로 들어왔다. 그리고 19살 때 자신의 수영 방식을 바꿔 마침내 전국 대회에서 챔피언을 따냈다.

루즈벨트 대통령이, 소아마비에도 불구하고 어떻게 챔피언이 될 수 있었느냐고 묻자 낸시는 간단히 말했다.

"계속했을 뿐입니다."

계속해서 반복하고, 그 후에는 끈질기게 노력하라. 이것이 승리하는 가장 좋은 방법이다.

01
07

할 수 있다는
신념만 있으면

이루지
못할 것이
없다

지미는 11살 때, 자신의 고향 오하이오 주에는 주(州)를 대표하는 좌우명이 없다는 사실을 알고 몹시 실망했다. 그는 주 의회에 주 좌우명을 의안으로 채택하게 하기 위해서는 많은 사람들이 서명한 청원서가 필요하다는 사실을 알아내자마자 지체 없이 행동에 착수했다.

  지미는 수개월 동안 틈날 때마다 이 집 저 집을 돌며 서명을 받아냈다. 그는 청원에 필요한 서명을 받기 위해 여러 마을에 흩어져 사는 고모와 이모들에게도 도움을 청했다.

그는 한 라디오 프로에서 서명을 요구하는 광고 방송을 할 기회를 얻었고, 한 음식 박람회에서는 부스를 설치하기도 했다. 그는 무척 오랜 시간을 들여 열심히 노력했다.

드디어 주지사를 만나게 된 지미는 자신의 청원에 대해 설명하고 서명을 부탁했다. 주지사는 즉시 서명했다. 그리고 물었다.

"그런데 주의 좌우명으로는 어떤 게 좋다고 생각하니?"

지미는 즉각 이렇게 대답했다.

"목표가 있다면 이루지 못할 일이 없다."

당신은 지금 목표를 갖고 있는가? 당신은 그 목표를 이룰 수 있다고 믿는가? 당신은 그 목표를 이루기 위해 모든 노력을 다하고 있는가? 만일 다하고 있다면 당신은 분명 승리할 것이다.

01
08

기억하라
죽은 물고기는 하류로 떠내려오나

**산 물고기는
상류로 거슬러
올라간다**

예전에 한 남자가 길가에서 핫도그를 팔았다. 그는 잘 듣지 못해 라디오가 소용이 없었고, 시력도 아주 약해 신문을 읽지 못했다. 그러나 품질 좋은 핫도그를 만들어 팔았고, 자신의 핫도그가 얼마나 좋은지 선전하는 간판을 도로 위에 세웠다. 그는 길가에 서서 핫도그를 사라고 소리쳤다. 그는 고기와 빵을 더 많이 주문하고, 더 큰 스토브를 사서 더 많은 핫도그를 구워서 팔았다.

멀리서 대학을 다니던 아들이 학교를 졸업하고 집으로 돌아왔다. 아들이 아버지에게 말했다.

"라디오나 신문도 안 보세요? 지금은 최고의 불경기입니다. 유럽은 정말 끔찍한 상황이고, 일본은 점점 더 나빠지고 있고, 우리나라는 최악 중에 최악입니다."

아버지는 생각했다.

'그래, 내 아들은 대학을 나왔지. 신문도 읽고 라디오도 듣고 있어. 이 녀석이 이런 말을 할 때는 분명 이유가 있을 거야.'

아버지는 고기와 빵의 주문량을 줄이고, 광고판을 내렸다. 그러자 핫도그를 사는 사람들이 거의 없었다.

며칠 후 아버지가 아들에게 말했다.

"네 말이 맞다. 우리는 지금 경기가 아주 안 좋은 상태에 있는 게 분명해."

신념에 차서 일하고 있다면 다른 사람들이 어떤 말을 할지라도 쉬지 않고 계속해야 한다.

01
09

당신이 올바른 길을
가고 있을지라도

**그 자리에 주저앉는다면
다시는 일어나지
못할 것이다**

어느 가을 오후에 한 노인이 19세기의 유명한 시인이자 화가였던 단테 가브리엘 로세티에게 다가와 몇 점의 스케치와 그림을 보여주며 평을 해달라고 부탁했다. 로세티는 즉각 아무런 가치가 없는 그림들이라는 것을 알아차렸다.

그러나 동정심 많은 로세티는 노인의 기분이 상하지 않게 가능한 부드럽게 말하려 애썼다. 로세티는 미안한 마음이 들었지만 그렇다고 거짓말을 할 수는 없었다. 노인은 곧 실망한 표정이었지만 어느 정도는 예상하고 있었던 듯 담담해

했다. 노인은 시간을 내주어서 고맙다는 인사를 하면서 또다시 이런 부탁을 했다.

"한 젊은 학생이 그린 그림도 몇 점 갖고 왔는데, 한번 봐주실 수 있겠습니까?"

그 그림들을 보는 순간 로세티의 얼굴이 밝아졌다.

"참 좋은 그림들입니다! 이 젊은이는 틀림없이 상당한 재능을 갖고 있습니다. 그가 재능을 키워나가게 돌봐주어야 합니다."

노인은 로세티의 말에 큰 감명을 받은 듯했다. 로세티가 물었다.

"이 화가가 누구입니까? 아드님인가요?"

"아닙니다. 내가 그 화가입니다. 40년 전 일이죠. 그때 지금 선생님께서 하시는 말씀을 들었더라면 재능을 키워나갈 수 있었을 텐데 말입니다."

재능을 키우고 발전시켜라. 쓰지 않으면 없어진다.

01
10

언제라도

**다시
일어날 수
있다**

1957년에 사람들은 돈 라슨을 메이저리그 투수 중 최고라고 생각했다. 다들 그의 활약을 기대했지만 라슨은 그해 시즌을 맥없이 보냈고, 다음 두 해 동안 두 번 이적되었다. 그는 모든 면에서 점점 더 나빠지는 것 같았다. 결국 그는 경기장에서 사라졌다.

돈 라슨 자신은 물론 모든 사람이 그가 더 잘 던질 수 있다는 것을 알고 있었고, 할 수 있다고 믿었다. 사람들은 1956년 10월 8일에 열린 69회 월드 시리즈 다섯 번째 경기에서 뉴욕 양키스의 선발 투수로 나온 장신인 그가 브루클린 도저스를 상대하는 모습을 보았다.

그 경기에서 라슨의 첫 공은 스트라이크였다. 양키스의 팬들에게 좋은 징조였다. 경기가 끝날 때까지 도저스는 단 하나의 안타도 치지 못했고, 1루조차 밟지 못했다. 그는 야구 역사상 처음으로 월드 시리즈에서 단 한 차례의 안타도 주지 않고, 1루조차 허용하지 않은 유일한 투수였다. 한마디로 완벽한 경기였다!

야구에서는 다른 분야에서도 적용할 수 있는 다음과 같은 속담이 있다.

"지난해의 기록으로 올해의 경기를 이길 수는 없다."

대다수 사람들에게는 그처럼 완벽하게 경기를 하는 것이 거의 불가능한 일이기는 하지만 그렇더라도 그것이 완벽을 목표로 삼지 않을 이유가 되지는 않는다. 자신의 분야에서 최고가 되기 위해 쉬지 말고 일을 하라. 높은 목표를 세울 때 최선을 다하기가 더 쉽다.

01
11

계획 없이
너무 앞서게 되면

**많은 사람의
호응을 받을 수
없다**

어느 목사가 교회를 새로 짓고 싶어서 신도들에게 지평을 넓혀 새로운 비전을 보라고 호소하기 시작했다. 그는 신도들에게 높은 이상과 고귀한 목표를 열정적으로 제시하다가 설교가 최고조에 이르자 강한 확신을 갖고 말했다.

 "교회가 걸을 것이다."

 신도들이 즉시 한목소리로 대답했다.

 "걷게 하소서!"

 용기를 얻은 목사는 계속해서 소리쳤다.

"교회가 뛸 것이다!"

그러자 모두 소리 높여 외쳤다.

"예, 뛰게 하소서!"

대단히 흡족하고 감정이 고무된 목사는 소리쳤다.

"교회가 날 것이다!"

그러자 또다시 그의 열정에 감동한 신도들이 외쳤다.

"예, 날게 하소서!"

목사는 재빨리 말을 이었다.

"그 비용도 채우소서."

그러자 "걷게 하소서."라는 반응이 왔다.

꿈과 목표에 대해 이야기하면 대부분의 사람이 대단히 흥분한다. 그러나 수고, 훈련, 일, 인내에 대해 이야기하면 인상을 찌푸린다. 승리에는 반드시 대가가 있다. 그것은 한마디로 말해 노력이다. 지속적으로 노력하는 것 이외에 다른 방법은 없다.

01
12

마지막 종이
울리기 전까지

**끊임없이
밀고
나아가라**

어느 해 여름, 오그 만디노가 피닉스에 있는 애리조나 빌트모어 호텔에서 열린 글쓰기 교실에서 강의를 한 적이 있다. 그는 강의를 시작할 때마다 그 자리에 모인 작가 지망생들에게 자신의 책 최종 교정지를 보여주면서 책이 323쪽이라는 것을 말해주고 자신이 그 책을 아홉 번 고쳐 쓴 다음에야 만족할 수 있었다고 말했다.

　만디노는 여기저기에서 단어 몇 개를 고친 것이 아니라 책 전체를 아홉 번에 걸쳐 사실상 다시 썼던 것이다! 게다가 그는 컴퓨터를 이용한 것이 아니라 전동 타자기를 이용했다. 편집 과정에만 9개월이 걸렸다.

만디노는 이렇게 말한다.

"내가 전달하고자 하는 요지는 사람들이 소설을 완성하고 나면 자신을 대단히 자랑스러워하면서 그쯤에서 만족하고 어디 팔 데가 없나 하고 찾지만 진정한 프로는 작품을 다 쓰고 나서도 한 문장 한 문장 다듬는 일부터 시작하여 작품 전체를 여러 번에 걸쳐 천천히 갈고닦아 마침내 작품다운 작품을 만들어낸다는 것이다."

"괜찮다."는 말에 안주해서는 안 된다. "뛰어나다!"는 말을 듣기까지 힘써 나아가라.

01
13

자신의 분야에
숙달된 뒤에도

**계속해서
배우는 것이
중요하다**

한 젊은이가 어느 존경받는 교수의 집 앞을 가끔씩 지나다니곤 했다. 그는 그 집 앞을 지날 때마다 거의 언제나 교수가 서재에서 책을 골똘히 읽는 모습을 보았다. 이른 아침이나 늦은 밤에도 마찬가지였다.

 어느 날 교수와 이야기할 기회를 얻은 그는 이렇게 물었다.

 "교수님, 궁금한 것이 있습니다. 늘 책을 손에서 놓지 않으시는 이유가 무엇입니까? 이미 이 분야에서 최고의 권위

자이시고, 여러 중요한 대학에서 강의할 기회도 많은 인정받는 교수님이시지 않습니까? 그런데도 여전히 열심히 공부하시는 이유가 궁금합니다."

교수는 대답했다.

"젊은이, 그것은 내 학생들이 고인 웅덩이가 아닌 흐르는 냇물에서 물을 먹게 해주고 싶기 때문이야."

당신은 목표한 바를 이룬 사람인가? 그렇기 때문에 더 이상 배울 필요가 없다고 여기고 있는가? 배우고 성장하는 것을 한시라도 멈추어서는 안 된다. 당신이 만든 그 자리에서 최고를 유지하기 위해서는 더더욱 그렇다.

01
14

인간의 정신은 한번
새로운 인식에 도달하고 나면

**다시는
이전의 수준으로
되돌아가지 않는다**

미켈란젤로는 교황이 바티칸 궁전 안에 있는 시스틴 성당의 벽화와 천장화를 그리라고 명령했을 때 거절했다. 그는 벽화와 천장화는 한 번도 그려본 적이 없으므로 일을 맡지 않겠다고 대답했다. 그러나 교황은 주장을 굽히지 않았고, 미켈란젤로의 거절을 받아들일 수 없다고 말했다.

  다른 대안이 없다는 사실을 안 미켈란젤로는 물감을 섞은 뒤 일을 하러 갔다. 그렇게 해서 사람들이 세계 최고의 걸작이라고 여기는 벽화와 천장화가 생겨났던 것이다.

극히 소수이긴 하나 전에는 불가능하다고 생각했던 것을 필요에 의해서 어쩔 수 없이 하고 나서 자신 안에 갇혀 있던 잠재력을 깨닫게 되는 사람들이 있다. 뛰어난 연설가나 작가가 당신의 인생 목표에 끼치는 영향력을 얕보지 마라.

그런 연설가나 작가들은 대부분 선의에서 최선을 다하라는 말을 하는 것이다. 그들은 어쩌면 당신이 당신 스스로를 믿는 것 이상으로 당신을 믿고 있는 것인지도 모른다. 그들은 당신이 정상에 도달할 수 있다고 믿고 있으므로 당신이 보는 것 이상으로 당신의 성공을 바라고 있는지 모른다.

당신의 인생을 질적으로 변화시키는 첫 단계는 믿는 데 있다. 두 번째 단계는 그 목표에 이르기까지 늘 당신을 돕고, 당신과 함께 할 수 있는 사람을 찾는 것이다.

01
15

달성 가능한
인생의 목표를 정하는 사람은

**자기 자신의
한계까지도
미리 정해 놓는다**

로버트 태프트가 1952년 치른 공화당 대통령 지명전에서 드와이트 D. 아이젠하워에게 패했을 때 어느 기자가 그에게 개인적 목표와 정치가로서의 목표에 대해 물었다.

태프트는 대답했다.

"나의 가장 중요한 목표는 1953년에 미국 대통령이 되는 것입니다."

기자는 능글맞게 웃으며 다시 물었다.

"그러나 이젠 끝난 일 아닙니까? 안 그런가요?"

태프트는 전혀 당황하거나 화난 기색을 보이지 않고 담담히 말했다.

"그래요. 그러나 나는 오하이오 출신 상원의원이 될 수 있었습니다."

자신의 목표를 화살의 표적이라고 생각해 보자. 과녁의 정중앙은 100점에 해당한다. 그 바깥의 원들은 각기 80점, 60점, 40점, 20점이다. 정중앙을 향해 쏘면 가끔씩 그와 비슷한 위치에 때론 정중앙에 맞기도 할 것이다. 또 어떨 때는 60점에 맞을 것이고, 심지어 20점에 맞을 수도 있다.

그러나 100점을 겨냥하지 않는다면 활을 여러 개 쏘더라도 전혀 점수를 얻지 못할지도 모른다. 누군가 이런 말을 했다.

"나는 아무 일도 하지 않고 성공하는 길을 걷느니 차라리 위대한 일을 하다가 실패하는 길을 걸어갈 것이다."

오늘 스스로를 성공한 자, 승리한 자, 극복한 자, 정복한 자로 여겨라. 당신이 보는 당신의 그 모습을 이루려고 해 보라. 상상할 수 있는 자신의 최고의 수준에 이르려고 해 보라. 설사 목표에 미치지 못한다 하더라도 꿈과 목표가 없을 때보다는 훨씬 많은 것을 성취할 수 있을 것이다.

01
16

아무도
지나간 인생을

**다시
살지
못한다**

부실기업을 되살리는 일을 전문으로 하고 있는 앨버트 던럽은 한때 스콧 페이퍼에서 일한 적이 있었다. 당시 그 회사는 전년도에만 2억 7,700만 달러의 적자를 보았고, 주식 가격은 바닥으로 곤두박질치고 있었으며 마케팅 전략도 갖고 있지 못했다. 무엇보다 치명적인 것은 관리자와 고용인 모두 하락세를 막을 수 없다는 생각을 갖고 있었다는 점이다.

 던럽은 스콧 페이퍼로 출근한 첫 주에 과장급 이상의 모든 관리자를 소집해서 모임을 가졌다. 그는 한 사람씩 자리에서 일어나 회사를 위해 무엇을 할 것인지 말해달라고 부탁했다. 한 사람이 일어나더니 자신이 오랜 세월 동안 회사를 위해 무슨 일을 해왔는지 이야기하기 시작했다. 던럽은 이야기를 중단시켰다.

"무슨 일을 했느냐는 중요하지 않습니다. 무엇을 할 것인지를 말해주세요. 지금의 일과 미래의 일을 말하세요."

그 남자는 깜짝 놀랐다. 물론 그다음부터는 회의가 있을 때마다 사람들은 각자 자신이 회사를 위해 무엇을 할 것인지 말하기 위해 준비하지 않으면 안 되었다. 그 한 가지 작은 변화에 집중하자 사람들의 태도에 큰 변화가 일어나면서 회사에 새로운 열기가 주입되기 시작했다. 1995년 1월에 스콧 페이퍼는 실질적으로 빚을 청산했고, 주식 가격은 200% 이상 뛰었다.

많은 사람들이 자신의 업적에 대한 우월감을 갖고 누군가가 그것을 알아주기를 바란다. 그들은 앞으로의 일보다 과거 자신이 이룬 업적에 더 큰 비중을 두고 있기 때문이다. 지금보다 한 단계 더 발전한 자신의 모습을 갖고 싶은가. 그렇다면 앞으로 무엇을 할 것인가를 지속적으로 생각하라.

01
17

세상에는

**의욕적인
사람들로
가득하다**

변호사로도 성공했고, 기지와 위트로도 유명한 한 남자가 어느 잡지 기자와 인터뷰를 했다. 탐방 기자는 그에게 성공한 이유가 무엇이라고 생각하는지 물은 뒤, 그의 대답을 받아 재치 있게 말했다.

"지금까지 내가 만난 사람들 거의 태반이 자신들이 성공한 건 열심히 일한 덕이라고 하더군요."

그 남자는 웃으며 말했다.

"나도 열심히 일했다고 생각합니다. 나는 어느 농장에서 자랐는데, 아주 더운 여름날이었어요. 한 사람이 위에서 건초 더미를 내려 보내면 골라서 묶는 일을 했는데, 한낮이 되자 완전히 지쳐 버렸죠. 그날 오후에 농장을 떠나며 뒤도 돌아보지 않았죠. 그 이후로는 그렇게 힘든 일을 해 보지 않았습니다."

이 유명한 변호사 클레런스 시워드 대로우는 그날 이후로 육체적으로 힘든 일은 하지 않았을지 모르나 변호사 일은 정말 열심히 했다. 그는 노동 관련 소송과 살인 사건을 잘 다루어서 유명해졌다.

많은 경우에 승자와 패자의 차이는 노력이라는 단 한마디로 요약할 수 있다. 패자는 자신의 장점이나 행운에 의지하여 주어진 일을 적당히 때우려 한다. 승자는 시간과 노력을 들여 연구를 하고 새로운 기술을 배우고 재능을 갈고닦는다. 당신은 지금 노력을 하고 있는가?

CHAPTER 2
다시 도전한다면
결코 실패자가 아니다

고생하지 않고 성공한다면 그것은 다른 누군가가 전에
고생을 했기 때문이고, 고생을 했는데도 성공하지 못한다면
그것은 훗날 다른 누군가가 그 고생을 발판으로 성공할
것이기 때문이다.

02
01

인간의 자유는
주어진 상황에서

**자신의 태도를
결정하는 것으로
끝난다**

옛이야기에 따르면 악마가 사업을 그만두고 은퇴하기로 결심했다고 한다. 악마는 자신의 공구를 모두 길가에 늘어놓고 누구나 값을 치르면 팔아치울 생각이었다.

대바겐세일이 열리는 날 밤, 모든 공구가 전시되어 행인들의 눈길을 끌었다. 공구 중에는 악의, 증오, 질투, 질시, 탐욕, 호색, 속임수도 있었다. 길가에서 조금 떨어진 곳에 상당히 손이 많이 탄 것이 분명한, 위험할 것 같지 않은 쐐기 모양의 공구가 놓여 있었다.

한 행인이 물건들이 탐이 나서 악마에게 물었다.

"저게 뭡니까? 많이 낡아 보이는데 새 거나 다름없는 다른 공구들보다도 값이 훨씬 비싸군요."

악마가 대답했다.

"저건 실망입니다."

"그렇다면 가격을 왜 저렇게 비싸게 매겼습니까?"

"저건 내가 다른 어떤 공구로도 가까이 접근하기 어려운 사람의 양심을 열고 들여다볼 때 쓰던 공구입니다. 실망이 그의 마음에 닿으면 그 즉시 다른 공구에게 일을 시킬 수 있습니다."

거의 모든 사람이 인생에서 어떤 성공을 거두든 간에 거의 날마다 실망을 경험한다. 당신은 당신의 태도를 통제할 수 있다. 당신이 실망하지 않는다면 악마는 결코 당신을 이길 수 없다.

02
02

2등으로 들어온 사람은

**아무도
기억하지
않는다**

대부분의 사람들은 알렉산더 그레이엄 벨이 전화기를 발명했다고 알고 있다. 그러나 벨이 전화기를 발명한 것보다 15년이나 앞서 라이스라는 독일의 한 물리학자가 먼저 전화기를 발명했었다는 것을 아는 사람은 그다지 많지가 않다. 하지만 라이스의 전화기는 휘파람 소리는 전달할 수 있었으나 이상하게도 사람의 말소리는 전달할 수 없는 결함을 갖고 있었다.

 오랜 세월이 흐른 뒤 벨이 라이스의 잘못을 알아냈다. 전극(電極)을 제어하는 작은 나사 하나가 1,000분의 1인치쯤 빗나가 있었다. 벨이 나사를 조정하자 사람의 말소리가 크고 또렷하게 전달되었다. 아주 미세한 1,000분의 1인치가 성공과 실패라는 큰 차이를 만들어냈다.

오늘날에 있어서 전화기는 가정에서든 일터에서든 없어서는 안 될 필수품이 되었다. 전화기만큼 현대 역사에 큰 영향을 미친 발명품은 찾아보기 어려울 것이다. 유명한 벨연구소와 벨전화시스템은 지금도 운영되고 있다. 라이스가 이 작은 실수를 찾아냈더라면 사람들은 벨이 아니라 라이스를 떠올렸을 것이다.

이처럼 작은 잘못을 바로잡는 일이 성공에 다가가기 위해 꼭 필요할 때가 있다. 그러니 포기하지 말고 성공할 때까지 꾸준히 목표를 향해 나아가라.

02
03

나는 실패를
인정한다

**그러나
또
시도한다**

농구 스타 마이클 조던은 승부욕이 강하기로 유명하다. 그는 한때 메이저리그에 속하는 야구팀에서 뛰고 싶어 농구를 그만둔 적이 있었다. 조던은 늘 야구가 하고 싶었고, 시도조차 하지 않고 포기하고 싶지는 않았다.

  조던은 자신이 야구에서도 성공할 것이라고 굳게 믿었기 때문에 자신감을 갖고 도전했다. 결과는, 조던이 마운드에서는 경기에서는 그를 보기 위해 구름같이 관중이 몰렸으나 야구 선수로서의 타율은 형편없었다. 하지만 조던은 어떠한 변명도 하지 않았다. 최선을 다해 경기에 임했고, 최고의 야구 선수가 되기 위해 쉬지 않고 연습했기 때문이다. 조던의 말 중에 "실패를 인정한다"라는 표현이 있다. 단지 그는 실패를 예상하지는 않았을 뿐이다.

 조던의 이런 자세야말로 우리가 배워야 할 태도인 것이다. 아무리 어렵더라도 꾸준히 노력하고, 성공한다고 굳게 믿어야 한다. 성공과 관련해서 반드시 잊지 말아야 할 것은 성공에는 반드시 고생이 따른다는 점이다. 근면은 거의 모든 성공에 필수다.

 에드워드 주드슨이 이렇게 말했다.

 "고생하지 않고 성공한다면 그것은 다른 누군가가 전에 고생을 했기 때문이고, 고생을 했는데도 성공하지 못한다면 그것은 훗날 다른 누군가가 그 고생을 발판으로 성공할 것이기 때문이다."

실패로 끝난다 해도 최선을 다하면 인격이 성장한다. 따라서 이는 다른 사람들에게 좋은 모범이 될 것이다. 한때의 실패가 훗날 자기 자신과 후배들의 성공에 큰 기여를 할 것이다.

02
04

실수를
전혀 하지 않는 사람과

**같은 실수를
두 번 반복하는 사람으로부터
벗어나자**

저명한 영국의 군사 전문가 리델 하트는 뉴욕에서 만난 어느 젊은이의 일화를 이야기하기 좋아했다. 그 젊은이는 여러 상점을 드나들며 꼬박 일주일을 보냈다. 1달러짜리 지폐를 50센트 동전 2개로 바꾸고, 50센트 동전 2개를 25센트 동전 4개로, 25센트 동전 4개를 10센트 니켈 동전 10개로, 10센트 동전 10개를 1센트 동전 100개로 바꾸면서 말이다.

 그는 이렇게 1달러 지폐를 1센트 동전 100개로 바꾼 뒤 다시 1센트 동전을 10센트 동전으로, 10센트 동전을 25센트 동전으로 바꾸며 이 상점 저 상점을 전전했다.

하트는 그가 이 과정을 세 번 반복하자 그에게 왜 이런 해괴한 짓을 하느냐고 물었다. 젊은이는 능글맞게 웃으며 말했다.

"언젠가 누군가 실수를 하지 않겠습니까? 그러나 아직까지는 아무 일이 없었습니다."

최선을 다하는 것도 중요하고, 게으름이나 정보 부족으로 실수를 하지 않는 것도 중요하지만 의미 있는 일을 하는 것이 훨씬 더 중요하다. 의미 있는 일을 해야 당신과 당신 주변의 사람들이 성장할 수 있다.

즐겁게 모험의 길을 가자. 실수할 수 있어야 실수로부터 배울 수도 있다. 승리자는 잘못이 없는 사람이 아니라 잘못을 뉘우친 사람이다.

02
05

나는
실패하고

**내 인생에서 가능한
모든 모험을
할 수 있다**

당신은 몇 번이나 실패했는가? 당신은 분명 처음에 걸음마를 시작하려다 넘어졌을 것이다. 처음에 수영을 배우려다가 물에 빠져 죽을 뻔했을 것이다. 처음 야구방망이를 들었을 때에는 분명 홈런을 치지 못했을 것이다. 이처럼 실패는 우리 인생에서 불가피한 것이다.

역사에 위대한 업적을 남긴 인물들도 모두 실패한 경험이 있다. 뉴욕 백화점의 사장이 된 R. H. 매시는 일곱 번을 실패하고서야 간신히 뉴욕 백화점에서 그 자리를 얻을 수 있었다. 홈런왕 베이브 루스는 1,330번 스트라이크 아웃을 당했다. 홈런을 친 횟수보다 거의 두 배나 많다. 영국의 소설가 존 크리시는 753번을 거절당한 뒤 첫 소설을 출간할 수 있었고, 그 뒤 563권의 책을 세상에 내놓았다.

당신은 실패할지 모른다. 그러나 결코 실패자로 불리지 않을 것이다. 그것은 다시 도전을 시작할 것이기 때문이다.

02
06

어려움이
닥친다고

**그만두는 것만큼
경솔한 짓은
없다**

몇 년 전 영국 직물소매상협회는 표본조사를 통해 판매원들에 대한 다음과 같은 놀라운 사실을 알아냈다.

_ 48%는 한 번 통화하고 만다.
_ 25%는 두 번 통화하고 만다.
_ 15%는 세 번 통화하고 만다.

전 판매원의 88%가 고객에게 두세 번 정도 전화를 거는 것으로 만족하고 어떤 시도도 하지 않았다. 다행히 그들 중 일부는 첫 번째와 두 번째와 세 번째 통화에서 물건을 팔 수 있었다. 하지만 그들의 판매량은 전체 판매량의 20%에 지나지 않는다.

나머지 12%의 판매원들은 어떤가? 그들은 끈질기게 전화해서 전체 판매량의 80%를 팔고 있었다! 어느 판매업이든 대개는 15번 이상 접촉한 후에야 주문을 받는 것이 보통이다.

당신은 인생의 폭풍으로 인해 앞으로 나아가기 어렵다고 느끼고 있는가? 폭풍이 오는 데는 이유가 있고, 폭풍도 한철에 불과하다는 것을 결코 잊어서는 안 된다. 폭풍을 통해 무엇을 배워야 하는지 알았으면 과감히 폭풍을 뚫고 나아가라. 폭풍이 온다고 항해를 중단해서는 안 된다.

02
07

나는 실패를
두려워하지 않는다

**단지 내 안의
동력이 멎는 것을
두려워할 뿐이다**

미국 미식축구 역사상 가장 용기 있는 팀은 아마 1899년의 스와니 대학팀일 것이다. 그들은 그해 시즌에서 무패 행진을 계속했고, 다섯 경기를 남겨 놓고 있었다. 그러나 6일 동안에 남은 경기를 모두 치러야 했고, 더욱이 그 다섯 팀은 전국에서 가장 강한 팀들이었다. 게다가 그 팀들은 수십 마일 이상씩 떨어져 있는 도시에 위치해 있었고, 비행기 여행이 가능한 시대도 아니었다.

　스와니 팀은 첫 경기에서 텍사스 대학을 12 대 0으로 물리쳤다. 그들은 다음 날 마차를 타고 가서 휴식도 취하지 못한 채 텍사스 농공(農工) 대학을 32 대 0으로 물리쳤다. 3일째 되는 날 다시 마차로 긴 여행을 한 후에 툴란 대학을 상대로 세 번째 경기를 치렀다. 스와니 대학이 23 대 0으로 이겼다.

네 번째 날은 일요일이어서 스와니 팀은 휴식으로 하루를 보냈다. 다음 날 그들은 패배를 모르던 루이지애나 대학을 12 대 0으로 이겼다. 최우수 경기력을 뽐내는 다섯 팀 중 어느 팀도 스와니 팀에게 단 한 점도 뽑아내지 못했다. 게다가 스와니 팀은 대체 선수가 없어 11명이 전 경기를 뛰었다.

당신이 우승에 이르기도 전에 그만둔다면 무엇으로 핑계를 삼겠는가?

02
08

목적지에 도달해서
무엇을 얻는지보다는

**어떤 사람이
되느냐가
중요하다**

노르웨이의 생물학자이자 탐험가였던 프리조프 난센은 동료와 단둘이 북극의 황무지를 가다가 길을 잃었다. 길을 헤매느라 식량을 다 써버린 그들은 썰매 끄는 개를 한 마리씩 잡아먹었고, 개들이 쓰던 가죽덮개마저 먹어치웠으며, 결국에는 등잔에 쓰는 고래 기름마저 먹어버렸다.

　난센의 동료는 힘든 역경을 이겨내지 못하고 죽었다. 그러나 난센은 포기하지 않았다. 그는 스스로에게 "한 발 더 갈 수 있다"고 끊임없이 말했다. 그는 살을 에는 추위 속에서 한 걸음 내디뎠고, 마침내 어느 빙산 꼭대기에서 자신을 찾으러 나온 탐험대를 발견했다.

그 당시에는 미처 깨닫지 못했지만 난센은 절망적인 상황을 자신의 인격을 발전시키는 실질적인 기회로 이용했다. 그는 자신의 마음을 깊이 탐구했고, 불굴의 정신, 즉 포기하지 않는 정신을 발견했다. 그는 탐험에 나섬으로써 자신이 몽상가이자 위대한 탐험가임을 증명했다. 그리고 탐험에서 살아 돌아옴으로써 자신이 위대한 정복자임을 증명했다.

스스로 추구하라. 자신의 가장 중요한 영토, 곧 자아를 정복하라.

02
09

누구나 천국에
가고 싶어 한다

**그러나
죽고 싶어 하지는
않는다**

어느 목사가 자신이 확신하는 '저세상에서의' 영원한 축복과 기쁨에 대해 열변을 토했다. 그는 잠시 말을 중단했다가 이렇게 물었다.

"여러분 중에 천국에 들어가고 싶으신 분은 손을 드십시오."

교회 안의 모든 사람이 손을 들었으나 앞자리에 앉은 8살 난 아이는 손을 들지 않았다.

목사는 깜짝 놀라 아이를 내려다보며 물었다.

"얘, 너는 천국에 가고 싶지 않니?"

그러자 아이는 이렇게 대답했다.

"가고 싶습니다. 하지만 목사님께서는 지금 당장 짐을 꾸리고 싶으신가 보죠."

누구나 성공하기를 원하지만 그에 따른 고생의 길은 원치 않는다.

02
10

성공을
원한다면

**어려움을
참고
견뎌라**

언젠가 아브라함 링컨 탄생 기념일에 맞춰 한 지방 신문에 흥미로운 풍자화가 실린 적이 있었다. 그 그림을 보면, 산기슭에 작은 오두막이 하나 있다. 그 옆의 산꼭대기에는 백악관이 그려져 있다. 두 집은 사다리 하나로 연결되어 있다.

풍자화 밑에는 이런 글이 쓰여 있었다.
"사다리는 지금도 그대로 남아 있다."
당신은 어디로 가고 싶은가? 당신이 지금 있는 현재의 자리와 당신이 가고 싶어 하는 미래의 그곳을 연결하고 있는 사다리를 찾아보라.

분명 지금 있는 자리와 가고자 하는 자리를 이어주는 사다리는 여전히 존재하고 있다. 그러나 사다리를 오르려면 땀과 수고가 필요하다.

땀과 수고는 현명한 생각과 수많은 시간으로 대치되는 경우도 드물지 않다.

02
11

실패에 대한 예상이

실패로 이어질 수 있다

한 심리학자가 친구를 만나 자신과 동료 심리학자들이 미로에서 쥐를 실험하고 있다고 말했다. 그는 미로 한쪽 끝에 쥐를 가져다놓고 다른 쪽 끝에는 음식을 놓아둔다고 설명했다. 그리고 쥐가 미로를 빠져나와 음식을 찾기까지 걸리는 시간을 쟀다. 연구자들이 쥐를 다시 미로에 넣자 쥐는 좀 더 빨리 음식을 찾았다. 얼마 후 쥐는 미로에 익숙해져서 전혀 헤매지 않고 곧장 음식이 있는 곳으로 가 음식을 입에 물기까지 불과 몇 초밖에 걸리지 않았다.

심리학자는 그다음에는 음식을 치워 놓는다고 설명했다. 한동안은 쥐를 미로에 가져다 놓으면 쥐는 곧장 음식이 있었던 쪽으로 달려갔다. 그러나 그리 오래지 않아 쥐는 음식이 없다는 것을 알아차리고 그곳에 이르고자 하는 시도조차 하지 않았다. 그 심리학자는 "그것이 쥐와 인간의 차이점이다. 쥐는 언제 그만두어야 할지 안다"고 결론지었다.

당신이 스스로 새로운 모험을 하고, 새로운 목표를 세우고, 새로운 방식으로 일할 각오를 하지 않는다면 승리하고 싶은 열의마저 잃어버리게 될 것이다. 지나간 길로 다시 돌아가지 마라. 때로는 반복되는 일에서 벗어나 "내게 더 큰 목표가 필요하지 않은가? 내 인생을 변화시키려면 무엇을 해야 하는가?" 물어보라.

쥐를 닮지 마라. 모험을 하라. 사람들이 당신의 예상이 아니라 당신의 다방면의 능력에 의지하게 될 것이다.

02
12

'안 된다'는
말도

**비싼
것이니
아껴라**

옛날 어느 겨울날, 두 시골 소년이 호수에 스케이트를 타러 갔다. 한 아이가 호수 안쪽으로 가다가 얼음이 깨져 물에 빠졌다. 나이도 어리고 덩치도 작은 또 다른 아이는 친구가 얼음물에서 허우적거리다가 얼음 아래로 사라지는 것을 보았다. 아이는 스케이트와 주먹으로 온힘을 다해 얼음을 깨 보았으나 얼음이 깨지지 않았다.

 그러자 아이는 호수 기슭에 버려진 큰 나뭇가지를 보고 달려가 자신의 친구가 빠진 곳까지 끌고 와서는 머리 위로

번쩍 들어올려 내던졌다. 그러자 놀랍게도 얼음에 구멍이 나면서 친구는 숨을 쉴 수 있었다. 그는 친구를 얼음물에서 건져 냈다.

후에 사람들은 조그마한 아이가 큰 나뭇가지를 던져 자기보다 덩치 큰 아이를 얼음장 밑에서 건져냈다는 말을 듣고 놀라 물었다.

"네 몸에서 어떻게 그런 힘이 나왔니?"

그 이유에 대한 가장 좋은 설명은, 구조를 받은 덩치 큰 아이의 다음과 같은 설명일 것이다.

"그때 거기에는 안 된다고 말하는 사람이 없었거든요."

충고를 부탁할 때에는 나 못지않게 나의 성공을 바라는 사람에게만 부탁하라. 그런 사람이 없다면 차라리 혼자 하는 편이 오히려 좋을 것이다. 그러면 누구도 안 된다는 말은 할 수 없을 테니!

02
13

실패한

사람들이

못 가진 습관을
가져야
성공한다

한 중년 남자가 숲에서 젊은 벌목꾼을 만났다. 중년 남자는 한참 동안 벌목꾼이 열심히 큰 나무에 톱질하는 모습을 지켜보다가 그에게 무엇을 하고 있는지 물었다.

  젊은 벌목꾼이 퉁명스레 답했다.

  "지금 일하는 게 안 보여요? 나무를 자르고 있잖아요."

  중년 남자가 다시 물었다.

  "힘들어 보이는군요. 지금까지 얼마나 걸렸어요?"

  젊은 벌목꾼이 투덜거렸다.

"댓 시간 쉬지 않고 일했더니 정말 지쳤어요. 아주 단단한 나무예요."

"톱날이 무뎌진 것 같군요."

"그럴 겁니다. 오랜 시간 톱질을 했으니까요."

중년 남자는 자신이 30년 넘게 벌목꾼으로 일해 왔다는 말을 하지 않고, 조심스레 일러주었다.

"잠시 쉬면서 날을 가는 게 좋겠군요. 그러면 일이 훨씬 쉬워질 겁니다."

그러자 젊은 벌목꾼이 화를 냈다.

"날을 갈다니요! 지금은 날을 갈 시간이 없어요. 톱질하기도 바쁩니다!"

당신이 평생의 직업을 택한다면 좋든 싫든 관련된 모든 일들을 기꺼이 해야 한다. "한 번의 예방이 열 번의 치료보다 낫다"는 속담이 있다. 마찬가지로 아무리 귀찮더라도 한 번 날을 가는 것이 열 번 톱질하는 것보다 훨씬 낫다.

02
14

절반의
성공에

**실망을
하지
마라**

어느 날 한 남자가 랍비와 만날 약속을 했다. 그는 손을 비틀며 근심에 차서 고백했다.

"랍비, 저는 실패자입니다. 저는 저에게 맡겨진 일을 절반밖에는 해내지 못했습니다. 부디 제가 어떻게 해야 좋을지 현명한 충고를 해주십시오."

랍비는 잠시 생각을 하고 말을 꺼냈다.

"자네, 집에 가거든 1970년 뉴욕타임스 연감 930쪽을 펴보게. 그러면 마음의 평화를 찾을 수 있을 거야."

남자는 랍비가 충고한 대로 했다. 거기에는 미국의 가장 위대한 야구 선수들의 평생 동안의 평균 타율이 실려 있었다. 최고의 강타자 타이 콥의 평균 타율이 고작 3할6푼7리였다.

그 남자는 의아했다. 그는 랍비에게 돌아가 물었다.

"타이 콥이 고작 3할6푼7리밖에 안 되네요."

"그래, 타이 콥이 고작 3할6푼7리야. 자네는 나에게 와서 자네가 맡은 일의 절반밖에는 해내지 못해 비참한 기분이라 불평했지. 누가 그 정도 했다면 콥이 아마 덜덜 떨었을걸세."

실패가 우리를 규정하는 것이 아니다. 우리의 실패마저도 우리의 영원한 선을 위해 사용하리라는 생각이 우리를 규정하는 것이다. 결코 의기소침해져서는 안 된다.

02
15

실패의
열쇠는

**모든 사람을
기쁘게 하려는
것이다**

켄 블랜차드는 저서에서 자신이 대학원을 졸업하고 처음 학생들을 가르친 경험에 대해 말하고 있다. 그는 어느 경영학 대학원 학장의 비서로 채용되었으나 한 학급을 맡아 경영학 수업을 가르치게 되었다.

그가 수업 첫날 학생들에게 말했다.

"내 이름은 켄 블랜차드다. 그냥 켄이라고 불러라. 내가 너희와 함께 이번 과정을 공부할 것이다. 학점에 대해서는 걱정하지 마라. 여러분은 거의 다 A학점을 맞을 거다."

그리고 말을 이었다.

"다른 관심 있는 일을 하는 게 더 낫다고 여기면 마음 놓고 그 일을 해라. 학기 말에 시험을 치르는데 책만 읽으면 다 풀 수 있다. 그 시험으로 점수를 매기겠다."

그는 학기 말에 시험만 치르고 싶은 학생이 있으면 가도 좋다고 말했다. 2분이 지나지 않아 100명의 학생 중에서 8명의 학생만 남았다.

켄 블랜차드는 학생들에게서 환심을 얻고 싶다는 욕망에 이런 식으로 행동했으나 결국 존경은커녕 호의도 얻지 못했다.

세상은 승리자를 좋아한다는 것을 기억하라. 환심보다는 존경과 찬사를 받으려고 하라.

02
16

기회는

**고생으로
변장하고
나타난다**

톰 크루즈는 오늘날 미국에서 가장 인기 있는 배우의 한 사람이다. 그러나 톰이 독서 장애가 있다는 것을 아는 사람은 그다지 많지 않다. 독서 장애는 인쇄된 글이 비뚤게 보이거나 혼란스럽게 보이는 신경 증세다.

톰은 어린 시절에 이 약점을 보완하기 위해 열심히 공부했지만 가족의 잦은 이사로 인해 그의 읽기 장애를 모르는 교사가 있는 새로운 학교로 전학을 다녀야만 했다.

새로 전학 간 어느 고등학교에서 톰은 〈사내와 소녀〉라는 연극의 주연을 맡게 되었다. 그는 무대에 서자 아주 편안했고, 배우로서의 길이 자신이 가야 할 운명이라는 것을 느꼈다.

영화배우가 된 톰은 새로운 역을 맡을 때마다 육체적으로나 심리적으로나 주어진 배역과 닮기 위해 노력을 아끼지 않았다. 그는 수많은 시간을 들여가며 배역에 어울리는 말과 몸짓을 익혔다. 어느 제작자가 그를 두고 이렇게 말한 적이 있다.

"그의 길은 한 번도 평탄한 적이 없다. 그의 길에는 언제나 깊은 구덩이가 수없이 많이 파여 있었지만 그는 그것들을 모두 뛰어넘으며 간다."

단지 운이 좋아서 출세하고 성공하는 사람은 아무도 없다. 지금 하는 일이 당신의 마음을 설레게 한다면 그 일을 열심히 하라. 그러면 재능이 꽃피울 기회를 얻게 될 것이다.

02
17

'만약'과
'그렇지만'은

**실패하는
자들의
전유물이다**

어느 기업의 회장이 은퇴하면서 회사의 전권을 후계자에게 넘겼다. 중역 회의 후에 회장이 후계자를 따로 불렀다.

"내가 자네에게 두 가지 충고를 하겠네."

그는 후계자에게 두 개의 봉투를 내밀었다. 하나는 '1번', 다른 하나는 '2번'이라고 표시되어 있었다.

"이 봉인된 봉투를 잘 간직하게. 어느 누구에게도 이 사실을 알려서는 안 되네. 자네가 해결할 수 없는 위기가 닥치거든 1번 봉투를 열어 보게. 그러면 어떻게 해야 하는지 알게 될걸세. 두 번째 봉투는 잘 간직했다가 다른 큰 위기가 닥치거든 사용하게."

2년 뒤, 새로운 회장의 경력을 위태롭게 하는 위기가 발생했다. 그는 어떻게 해야 할지 궁리하다가 전임 회장이 준 봉투를 생각해냈다. '1번' 봉투 안에 든 편지에는 이렇게 적혀 있었다.

"전임자에게 허물을 뒤집어씌워라."

그는 충고를 따랐고, 궁지에서 벗어났다.

그로부터 2년 뒤, 또다시 큰 위기에 처한 그는 2번 봉투를 꺼내 보았다. 거기에는 이렇게 적혀 있었다.

"봉투 두 개를 준비하라!"

당신은 늘 변명하는 사람이 될 수도 있고, 확고하고 단호한 승리자가 될 수도 있다. 오늘부터 당장 변명을 집어치우고 할 일을 시작하라.

02
18

최고로 불리는
사람은

**포기를
굴복시킨
자다**

어느 기름진 골짜기에 아사와 이라라는 형제가 나란히 농사를 지으며 살고 있었다. 어느 날 형이 동생에게 말했다.

"잡초가 저렇게 무성하게 자랐구나!"

"별수 없지. 잡초도 곡식과 같이 생명의 일부인걸."

이라는 이렇게 말하고 낮잠을 자러 갔다.

"나는 있는 힘껏 해 볼 테다."

아사는 쉴 새 없이 쟁기질과 호미질을 해서 마침내 밭에 있는 잡초를 모두 뽑아냈다.

어느 날 이웃 동네에 거염벌레 떼가 나타났다. 이 소식을 듣고 이라가 말했다.

"나는 벌레 떼를 다른 곳으로 보내달라고 기도할 거야."

아사는 벌레 떼가 넘어오지 못하도록 밭 둘레에 깊은 고랑을 팠다.

"나는 해야 할 일을 할 힘을 달라고 기도할 거야."

또 어느 날 마을에 홍수가 나서 농장이 물에 잠길지도 모를 위기에 처했다. 이라가 말했다.

"자연의 심판이야. 무사하기를 바랄 뿐이지. 달리 할 일은 없어."

아사는 농장이 잠기지 않게 둘레에 높이 둑을 쌓았다.

결국 아사는 많은 양을 수확하였고 이라는 거의 아무것도 거두지 못했다. 이라가 형에게 물었다.

"농사가 잘된 비결이 뭐지?"

아사가 대답했다.

"나는 네가 놀 때 일을 했고, 네가 어쩔 수 없다고 포기했을 때 열심히 노력하고 온 힘을 다해 문제를 막아냈어."

생각과 노력은 함께 하는 것이다. 결코 어느 하나가 다른 하나를 대신할 수는 없다.

CHAPTER 3
꿈꾸고 생각하기에
볼 수 없는 것들을 본다

당신은 가진 것도 없고, 자질도 없고, 능력도 없으니
승리자가 될 수 없다고 말하는 사람들이 있는가?
그들이 뭐라고 해도 당신의 할 일을 하라.
승리를 위해 한 걸음 더 나아가라.

03
01

어떠한

시련도

의지
앞에
굴복한다

우범지대인 이스트 세인트루이스에서 태어난 재클린은 성장하면서 몇 차례 무시무시한 협박을 당하기도 했다. 그러나 그녀는 꿈을 포기할 정도로 나약하지는 않았다. 재클린은 9살 때 처음 육상 경기에 출전했으나 꼴찌로 들어왔다. 그러나 그날의 패배를 재기의 발판으로 삼아 다음 대회에서는 더 나은 성적을 거두었다. 그녀는 쉬지 않고 열심히 연습했고, 급기야 "드디어 1등을 했다!"고 외치며 집으로 돌아왔다.

그녀는 고등학교에서 육상 선수, 배구 선수, 농구 선수로 뛰었다. 그녀는 공부도 열심히 해서 반에서 상위 10% 안에 드는 성적으로 졸업했다. 그러나 대학 1학년 때 어머니가 갑작스럽게 돌아가시게 되어 하늘이 무너지는 것 같은 절망을 느꼈다.

한 젊은 UCLA 코치가 재클린으로 하여금 7종 경기 훈련에 전념해서 슬픔을 극복할 수 있도록 도와주었다. 그러나 이것도 잠시, 또 다른 시련이 닥쳤다. 1983년에 재클린은 오금이 몹시 저렸고, 자신이 심한 알레르기 체질인 것을 알았다. 아울러 운동으로 인해 천식까지 앓게 되었다. 그러나 그녀는 운동 방법을 바꾸었을 뿐 중단하지는 않았다.

그녀는 1984년에 다시 경기에 나가기 시작했다. 1988년 올림픽과 1993년 올림픽에서 재클린 조이너 켈시는 7종 경기에서 금메달을 땄고, 1996년에는 멀리뛰기에서 동메달을 땄다. 그녀는 세계에서 가장 위대한 여자 운동선수라는 극찬을 들었다.

대부분의 사람들이 자신이 왜 게으르고 무능한지에 대해 이러저러한 말로 변명한다. 승리자는 게으르지 않다. 승리자는 변명하지 않는다. 차례가 오기만을 기다리는 오랜 습관을 오늘부터 과감히 떨쳐버려라!

03
02

리더는 도전에 맞설 수 있고
어려움을 이길 수 있으며

**위기를
극복할 수 있는
확신을 보여줄 수 있다**

존 호켄베리는 대학 신입생 때 자동차 사고로 휠체어 신세를 져야만 했다. 그는 자신이 다시는 걷지 못한다는 것을 알고 이렇게 말했다.

"내 몸의 능력이 이제는 전보다 훨씬 못하지만 내 몸이 할 수 있는 모든 일들이 사실상 갑자기 큰 의미를 갖게 되었다."

존은 시카고에서 오리건 대학으로 전학하기로 결심했다. 오리건은 겨울에도 날씨가 온화해 눈으로 덮인 보도와 싸우지 않아도 되기 때문이었다.

1980년에 그는 전국 공공라디오(NFL)와 협력하고 있는 대학 구내 라디오 방송국인 KLCC의 학생 자원봉사자가 되었다. 그는 세인트 헬렌스 화산이 폭발했을 때 전국 공공라디오를 위해 통신원으로 일했고, 곧 다른 지역의 임무를 맡게 되었다. 그가 휠체어로 이용할 수 있는 공중전화가 없어 마감 시간을 넘기기 전까지는 아무도 그가 휠체어를 쓰고 있다는 사실을 몰랐다.

1981년에 존은 NFL의 정식 직원으로서 〈세상만사〉라는 대중적인 프로그램에서 뉴스 방송자로 일하게 되었다. 그리고 그는 1996년에 NBC 뉴스 진행자로 합류했다.

그는 자신의 장애가 자신에게 "삶을 철저히 다시 시작할 수도 있다"는 것을 가르쳐주었다고 말한다. 어떤 사람들은 존이 겁 없이 바위턱 같은 위태로운 곳으로 올라간다고 생각한 반면에 존은 '높이 올라가서 더 넓은 시야를 갖는' 자신의 모습을 늘 생각해 왔다고 말하기도 했다.

당신은 어떤 위기에 직면해 있더라도 극복할 수 있다. "어떻게?"가 당신이 찾아야 할 도전이다. 위기 때마다 당신은 극복하는 자가 될 것이다.

03
03

무척
유감이지만

당신을 채용할 수 없소

조니 유니타스는 동네 미식축구에서 이름을 날리다가 피츠버그 스틸러스의 선발 시험에 응시했다. 그러나 그는 웨이트 케이슬링 코치로부터 거절당했다.

"능력과 재능은 있지만 우리 팀에서 뛰려면 아직 멀었소."

케이슬링 코치는 아직 경험이 부족하다고 생각한 것일지도 모르고, 유니타스가 전력을 다하지 않은 채 선발 시험에 응시한 것일 수도 있다. 이유야 어떻든 유니타스는 피츠버

그 스틸러스 선발 시험에 떨어졌고, 케이슬링한테 그런 말을 듣고도 변함없이 자신의 목표를 위해 열심히 연습했다. 그 후 그는 볼티모어 콜츠에 입단했다. 그를 받아들인 콜츠는 매 경기마다 큰 점수 차로 승리를 거머쥐게 되었고, 유니타스는 선수로서 성공하게 되었다.

코미디언 로지 오도넬 역시 방송국마다 거절을 당하고도 변함없이 자신의 목표를 위해 꾸준히 노력해 성공한 경우다. 오도넬은 어린 시절을 회상하면서 이렇게 말했다.

"사람들이 너는 뚱뚱하고 거칠고 못생겨서 배우로 성공하기는 틀렸다고 말할 때마다 나는 그들이 틀렸음을 분명히 알고 있었다. 여러분도 여러분 스스로를 믿어야 한다. 어렸을 때 나는 몽상에 잠기곤 했다. 그래서 나는 성공했다. 꿈이 나를 구해주었다. 꿈이 나를 내가 가고 싶은 곳으로 데려다주었다."

당신은 가진 것도 없고, 자질도 없고, 능력도 없으니 승리자가 될 수 없다고 말하는 사람들이 있는가? 그들이 뭐라고 해도 당신의 할 일을 하라. 승리를 위해 한 걸음 더 나아가라.

03
04

즐거운 마음으로
맡은 일을 하면서

**통찰력과
판단력을 키워
나아가라**

미식축구 선수 마이크 싱글터리는 시카고 베어스에서 50번을 달고 뛴 위대한 프로 미들 라인백커다. 마이크는 그런 중요한 자리를 맡을 만큼 덩치가 크지도 않았고 재능이 뛰어나지도 않았지만, 다음과 같은 장점이 있었기에 승리할 수 있었다.

_ 미식축구 경기에 대한 철저한 지식을 쌓았다.
_ 누구보다도 열심히 맡은 일을 했다. 그는 오랜 시간 동안

경기 장면을 담은 비디오를 보면서 상대 팀에 대해 철저히 연구했다.
_ 만나는 사람 누구에게나 꾸준히 리더십을 발휘했다.

누구라도 이러한 장점을 발달시키면 어떤 일에서든 승리자가 될 수 있다. 운동장에서는 영웅이지만 운동장을 나오면 형편없는 프로 선수들이 적지 않다. 마이크는 그런 선수들하고는 달랐다. 그는 집에서는 아내와 다섯 아이의 존경을 받는 가장이고, 공동체의 지도자이며, 지금은 해마다 여러 기업의 초청을 받아 수많은 사람들에게 감동을 주는 저명한 연설가다.

자기가 맡은 분야에서 전문가가 되고, 성공에 이르기 위해 열심히 통찰력을 기르며, 만나는 사람 모두에게 신뢰를 주자. 훌륭한 경력을 쌓는 데 만족하지 말고, 훌륭한 인생을 살도록 하자!

03
05

어떠한

지식보다

**상상력이
더
중요하다**

미래를 보는 아이가 나오는 광고가 인기를 끈 적이 있었다. 그 아이의 뒤에서는 별 하나가 빙빙 돌고, 로켓이 외계로 발사되고 있었다. 광고는 이렇게 시작한다.

"너는 생각만큼 자란다."

그리고 다시 자막이 올라온다.

"비록 어리나 생각은 멀리 미래에 산다. 꿈꾸고 생각하기에 볼 수 없는 것들을 본다. 이것이 모든 아이의 마음이다. 현실 너머를 보는 꿈이 있기에 아무도 못한 일을 한다. 정신이 내디딘 길에는 언제나 성장이 있다."

 당신은 무슨 꿈을 꾸고 있는가? 당신에게 아직 존재하지 않는 것들을 보는 까닭이 무엇일까? 당신은 상상으로 새로운 세계를 창조한다.

 스스로가 광고를 다시 쓴다면 첫 문구에 이렇게 써라.

 "당신은 상상하는 만큼 자란다."

언제나 꿈꿀 수 있다. 아직 존재하지 않는 것들에 대한 믿음을 갖고, 높은 목표를 추구할 능력을 가져라.

03
06

누구든
당신의 꿈을

**훔치지
못하게
하라**

윌리엄 커레이는 여러 외국어를 공부하고 쿡 선장의 여행 일지를 연구해서 가끔 비현실적인 멍청한 몽상가라는 소리를 듣곤 했다. 그가 구두장이로 일할 때 그를 알던 사람들은 세계의 안녕을 위해서 작업장 벽에 걸어 놓은 세계지도를 보고 비웃곤 했다.

  커레이는 신부가 된 후에도 한 신부 회의에서 "오늘날 성직자 최고 위원회가 우리를 전 세계로 보내 이방인을 가르치게 할 의무가 있는지 없는지"를 토론의 주제로 제안하여 웃음거리가 된 적이 있었다. 한 선임 신부가 그를 꾸짖었다.

"앉게, 젊은이. 하나님께서 이교도를 개종시키기 원하신다면 자네나 내 도움 없이도 그리하실걸세."

커레이는 그 순간 침묵했으나 꿈을 포기하지 않았고, 결국 최초의 인도 선교사가 되었다.

당신의 꿈을 훔치려는 사람이 어디선가 나타날 것이다. 그는 생활 보호를 받는 무기력자일 수도 있고, 실업자일 수도 있으며, 학교를 중퇴한 사람일 수 있다. 그는 그 일을 "할 수 없고 하지 않을 것이며 해서는 안 된다"고 하면서 지속적으로 쫓아다니는 친척일 수도 있다.

당신은 당신의 꿈을 도피자나 무기력자나 중퇴자로 인해 포기하는 일이 있어서는 절대로 안 된다.

당신의 승리는 당신이 예정해 놓은 것이다.

03
07

매 순간

꿈이

**우리의
인격을
만든다**

보스턴의 연구자 어네스트 하트만 박사는 10년에 걸친 잠과 꿈에 대한 연구를 통해 하루에 9시간 이상을 자는 사람은 꿈속에서 자신의 문제에 골몰하는 걱정이 많은 사람이라는 것을 밝혀냈다. 하루에 6시간도 채 자지 않는 사람들 중에는 토머스 에디슨이나 알버트 아인슈타인처럼 자신의 목표를 향해 지속적으로 나아가는 효과적인 사람들이 많았다.

하트만 박사는 다음과 같이 결론지었다.

"효율과 실천의 면에서 뛰어난 사람들, 예컨대 행정가, 응

용 과학자, 정치 지도자들은 잠을 적게 자는 경향이 있다."

두 그룹 사이의 잠의 성격에 있어서도 얼마나 많은 꿈을 꾸느냐가 중요한 차이점인 것 같았다. 잠을 오래 자는 사람들이 그렇지 않은 사람보다 꿈을 꾸는 깊은 잠을 두세 배쯤 더 많이 잤다. 하트만 박사는 그들에게 그와 같은 여분의 꿈과 잠이 필요한 이유는 뿌리 깊은 정신적·감정적 욕구를 충족시키기 위한 것이라고 추측하고 있다.

하트만의 연구가 승리자의 길을 추구하는 우리에게 주는 교훈은 우리가 깨어 있는 매 순간마다 꿈을 추구한다면, 꿈의 시간을 낭비하면서 성공하지 못한다고 걱정하는 일은 사라진다는 점이다.

03
08

대부분의 사람들이
자신의 한평생을

**너무
보잘것없는 것과
바꾼다**

위대한 미술가 미켈란젤로는 분필을 들고 그림에다가 '더 크게'라는 단어를 최대한 크게 써 넣었다. 미켈란젤로는 라파엘의 데생을 보는 즉시 그의 그림이 너무 답답하고 시야가 좁다는 것을 알아차렸던 것이다. 그는 라파엘에게 크게 생각하고, 큰 시야에서 작품 활동을 하는 것이 필요하다고 충고했다.

오랄 로버츠 대학교 창립자이자 지금은 명예 총장으로 있는 오랄 로버츠는 여러 해 동안 자기 책상 위에 '이곳에서는 시시한 계획은 절대 사절'이라고 쓰인 명판을 놓아둔 적이 있었다.

그가 이러한 사고방식을 갖고 있었기 때문에 여러 대학원을 갖춘 공인된 고등교육기관을 설립할 수 있었다. 오랄 로버츠 대학교는 현재 전 세계에서 활발하게 활동하고 있는 수천 명의 졸업생을 배출했다. 그가 이러한 사고방식을 갖고 있었기에 라디오와 텔레비전 방송에 출연해서 좋은 격언들을 전할 수 있었던 것이다.

오늘 당신이 갖고 있는 비전은 얼마만 한 크기인가? 당신은 얼마나 큰 목표, 꿈, 계획을 갖고 있는가?

03
09

꿈꿀 줄
모르는 자는

**이미
죽은 것이나
다름없다**

노스캐롤라이나 주의 미식축구 감독이었던 짐 발바노는 뼈암으로 죽어가면서 전국에 방영되는 텔레비전에 나와 이런 말을 했다.

"나는 죽음을 앞두고서도 여전히 할 일은 한다는 굳은 신념을 갖고 있다. 우리의 꿈은 우연히 생겨난 영감에서 추진력을 얻는 경우가 드물지 않다. 그 영감에 재빨리 응답하지 않으면 기회를 놓치기 쉽다."

백여 년 전에 엘리 휘트니는 남부 여러 주를 여행하다가 목화 재배업자들로부터 원면에서 씨를 뽑기가 너무 힘들다고 불평하는 소리를 들었다. 그들은 말했다.

"어떤 녀석이 대신 일해줄 기계를 만들어준다면 얼마나 좋을까!"

그날 밤 휘트니는 잠자리에 누워 그들이 한 말을 곰곰이 생각했다. 자정이 훨씬 지난 뒤 그는 시원한 바람을 쐬기 위해 자리에서 일어나 창가로 갔다. 창가에서 농장을 내려다보니 고양이가 닭 한 마리를 물어 죽인 뒤 닭장 밖으로 끌어내려 안간힘을 쓰고 있었다. 그러나 닭장 철망의 구멍이 너무 좁아 고양이는 결국 포기하고 어디론가 사라졌다.

그때 그에게 어떤 생각이 떠올랐다. 목화 섬유를 걸러 씨를 뽑아낼 수 있는 쇠 그물 장치를 만들어내면 되지 않을까? 3~4일 뒤 그는 최초의 조면기를 만들 계획을 세웠다.

우리의 꿈에는 문제에 대한 해답이 들어 있는 경우가 있다. 늘 꿈을 꾸고, 늘 행동하라.

03
10

대다수 사람은 스물다섯 이후에
꿈을 꾸지 않기 때문에

**머리부터
죽어가기
시작한다**

미네소타 주 의학협회는 '노인'을 이렇게 정의하고 있다.

_ 늙었다고 느낀다.
_ 배울 만큼 배웠다고 느낀다.
_ "이 나이에 그깟 일은 뭐 하려고 해!"라고 말하곤 한다.
_ 내일을 기약할 수 없다고 느낀다.
_ 젊은이들의 활동에 아무런 관심이 없다.
_ 듣는 것보다는 말하는 것이 좋다.

_ '좋았던 그 시절'을 그리워한다.

위의 정의에 따르면 나는 서른이 안 된 노인들을 무수히 만났다!

더글러스 맥아더 장군은 이렇게 말했다.

"단순히 오래 산다고 해서 늙는 것은 아니다. 사람들이 늙어가는 이유는 목적과 이상을 잃어버리기 때문이다. 세월은 피부를 주름지게 할 뿐이나, 무관심은 영혼마저 주름지게 한다. 머리를 숙여 성장하는 영혼을 흙으로 되돌리는 것은 긴 세월이 아니라 근심, 의심, 자신감의 결여, 두려움, 절망과 같은 것들이다."

"당신은 믿는 만큼 젊고, 의심하는 만큼 늙는다. 자신감을 갖는 만큼 젊고, 두려워하는 만큼 늙는다. 희망하는 만큼 젊고 절망하는 만큼 늙는다."

늙지 마라. 늙는 것은 전적으로 당신의 태도에 달렸다. 늙지 않기로 작정했다는 것은 더 성장할 수 있다는 표시다!

03
11

성공은
목적지가 아니라

**목적지에
이르는
여행이다**

350년 전 많은 사람들이 배 한 척을 타고 아메리카 북동부 해안에 상륙했다. 첫해에 그들은 마을을 세웠고, 다음 해에는 마을에 정부를 세웠다. 세 번째 해에 마을의 정부는 서쪽 미개지 쪽으로 5마일의 도로를 낼 계획을 세웠다. 네 번째 해에 사람들은 그 계획을 공적 기금의 낭비라고 생각해서 마을의 정부를 탄핵하려 했다. "누가 그 미개지로 가려 하겠느냐?"라고 그들은 말했다.

그들은 한때 바다를 가로질러 3,000마일이나 항해하여 미지의 세계로 올 만큼 큰 비전을 갖고 있었던 사람들이었다. 그들은 엄청난 고난을 극복하고 아메리카에 와서 자신들이 살 집을 지었다. 그렇지만 몇 년이 지나지 않아 개척자 정신을 잃어버렸다.

당신의 여행에는 어려운 순간도 있겠지만 인생 자체가 여행이기에 외면해서는 안 된다.

인생의 여행에서 얻는 성공은 특정 목적지에 이르는 것이 아니라 훌륭한 시각을 갖는 것이다. 성공은 당신이 필요로 하고 원하는 모든 것이 이미 갖춰져 있다는 것을 아는 일이고, 기쁨과 기대를 갖는 일이다.

03
12

꿈을
계획하는 데

**너무
뜸들이지
마라**

2차 세계 대전 때에 더글러스 맥아더 장군이 한 육군 공병 장교를 불러 물었다.

"이 강에 다리를 놓는 데 얼마나 걸리겠는가?"

"3일 걸립니다, 장군님."

"좋아. 그럼, 당장 설계하라고 해."

3일 후 장군이 다시 그를 불러 다리가 어떻게 되었느냐고 물었다.

"거의 다 되어 갑니다. 장군께서 설계도면을 원하지 않으신다면 지금 당장이라도 우리 아군이 강을 건널 수 있습니다. 그러나 설계도가 아직 완성되지 않았습니다."

어떤 사람은 꿈을 꾸고 계획을 세우는 데 너무 오랜 시간을 보내느라 그 꿈을 이루기 위한 노력은 전혀 하지 못한다. 모든 꿈은 저절로 이루어지지 않는다. 시간, 훈련, 노력, 인내와 같은 대가를 반드시 치르지 않으면 안 된다.

누구든 열심히 일하면 행복해질 수 있듯이, 큰 기회는 대체로 오랜 시간 동안 근면하게 일을 한 뒤에야 찾아온다.

03
13

취미는 형편이 좋을 때 해도 된다
그러나 사명은

어떤
어려움이 있어도 반드시
이루어야 한다

소련의 니콜라이 아빌로프가 1972년 올림픽 10종 경기에서 8,454점으로 세계 기록을 세웠을 때 부르스 제너는 아빌로프의 메달 세레모니를 바라보면서 이런 생각을 했다고 한다.

"그 순간은 말하자면 내 인생이 바뀌는 결정적인 순간이었다. 내가 1976년 올림픽 때에 저 승리의 제단에 서 있는 모습이 보였다. 그 순간 나는 할 수 있다는 것을 알았다. 내가 금메달을 딸 수 있다는 것을 알았다."

그날 제너는 밤늦게 기숙사로 돌아왔지만 잠을 이룰 수 없었다. 이런 생각이 자꾸 머릿속에 떠올랐다.

'모든 시간을 10종 경기 우승에 바치기로 결심했는데 지금 이렇게 이불 속에 누워 있을 시간이 있는가?'

그는 밖으로 나가 뛰기 시작했다.

4년 동안 제너는 목표를 이루기 위해 전력을 다했다. 그는 어떤 일을 결정할 때마다 그 일이 금메달을 따는 데 도움이 되는지 스스로에게 묻고, 그에 따라 결정했다. 그 결정은 제너로서는 사업을 위한 것은 아니었다. 그는 분명 아마추어 선수였다. 누군가 세계 최고의 선수라는 칭호를 받으며 승자가 되지만 또 다른 누군가는 그 기록을 깨 새로운 역사를 써야 한다. 바로 그 사람이 아마추어 선수 제너였던 것이다.

1976년 드디어 그 순간이 왔다. 그는 금메달을 땄을 뿐 아니라 8,634점으로 새로운 세계 기록을 세웠다.

당신은 반드시 꿈을 이루겠다고 맹세했는가? 그러면 맹세에 입각해서 모든 결정을 하라.

03
14

인생은

**좋은 패를 가졌다고
성공하는 것이 아니다**

1896년 대통령 선거는 아주 싱거운 승부가 될 것이라고 관측자들은 예상했다. 약세인 윌리엄 매킨리는 친근하고 소박한 성격의 오하이오 주지사였다. 유력한 후보자는 감동적인 연설을 하는 위대한 웅변가 윌리엄 제닝스 브라이언트 의원이었다.

그러나 매킨리는 자신의 능력을 알고 있었다. 그는 이웃 사람들에게 순수하고 자립적이며 견실한 사내라는 평을 듣는 사람으로, 선거 유세장보다도 자신의 현관이 더 편안한 사람이었다. 그는 자신의 약점도 알고 있었다. 그는 개인적인 카리스마가 부족하고 사실상 연설능력을 갖고 있지 못했다.

매킨리는 자신의 이러한 장점과 약점을 고려해서 선거 유세를 하지 않기로 결정했다. 그는 집에 머물면서 미국 역사상 처음으로 '현관 앞 선거운동'을 하기로 결심했다. 그는 미국을 낚기 위해 한 사람씩 불렀다. 결국 마지막에는 미국이 왔다.

조지 스티븐 기자도 매킨리를 보러 갔다. 그는 훗날 이렇게 썼다.

"나는 벨을 누르고 그의 집으로 들어갔다. 매킨리는 대문 근처 흔들의자에 앉아 있었다. 그는 선천적으로 친절한 사람으로 정중하면서도 전혀 꾸밈이 없었다. 나는 그에게 완전히 매료되었다."

그래서 그는 승리했다. 매킨리는 미국의 제25대 대통령이 되었다.

자신의 장점을 기초로 일을 추진하라. 그리고 나서 당신의 약점을 보충할 수 있는 유능한 참모와 친구를 불러라.

03
15

한 해에 두세 번의 생각으로는
성공하기 힘들다

**한 주에
한두 번은
생각하라**

세계에 영향을 미친 위대한 사람들의 삶을 연구해 보면 그들 모두가 상당히 많은 시간을 혼자서 사색하고 명상하고 내면의 소리에 귀를 기울이면서 보냈다는 것을 알게 된다. 역사상 뛰어난 종교 지도자들은 모두 외롭게 시간을 보냈다.

이 진실은 정치계에서도 변함없이 적용된다. 처칠, 루즈벨트, 링컨과 같은 많은 사람들이 혼자 시간을 보내면서 많은 유익함을 얻었다고 고백했다. 대부분의 주요 대학에서는 교수들이 사색하고 연구할 시간을 갖게 하기 위해 불과 얼마 안 되는 시간의 강의만을 맡기고 있다.

사람은 혼자 있을 때 과거를 정리해서 전망을 세울 수 있다. 미래를 그려보고 그 미래를 실현시킬 계획을 세울 수 있다. 혼자 있는 시간은 무엇보다도 자기 자신을 이해하고 자신의 일을 추진하는 데 유익하다. 자기 발전을 위한 시간을 가져라. 정기적으로 찾아가서 말없이 혼자 앉아 있을 수 있는 당신만의 공간을 만들어라. 산보를 하거나 다락방이나 헛간을 혼자만의 공간으로 만들 수도 있다.

하루에 최소한 30분은 침묵하는 시간으로 따로 떼어 놓아라. 그 시간 동안에는 집안일과 직장 일로 걱정하지 않고, 그저 내면의 소리에 귀를 기울이겠다고 마음먹어라.

03
16

승리보다 중요한 것이
노력이다

**노력의
중심에는
용기가 있다**

조안 커티스는 갈림길에 서 있었다. 그녀는 기분 전환을 위해 유명한 애틀랜타 미술가인 라마르 도드의 특별 전시회를 보러 갔다. 그녀는 여러 해 동안 대학에서 일했지만 자신의 사업을 해 보고 싶어 했다.

그녀는 남편과 함께 전시회에서 도드를 만났고, 도드는 그들을 집으로 초대했다. 세 사람이 같이 커피를 마시다가 도드가 불쑥 그녀에게 말했다.

"두려워하고 있군요. 그게 어떤 기분인지 압니다."

"네. 생각하기조차 힘들어요."

"왜요? 나는 평생을 두려워했습니다. 그러나 용기는 고집쟁이의 완고함과 같다고나 할까요. 나는 그런 용기를 충분히 갖고 있습니다. 그것은 매일 일어나 해야 할 일을 하는 것이고, 어려워도 실망하지 않고 나아가는 것이며, 다른 사람들이 말리더라도 밀고 나아가는 것입니다."

도드는 기분이 어떻든 날마다 작업실에서 일을 하겠다고 스스로에게 약속함으로써 두려움을 극복했던 자신의 경험을 이야기했다.

커티스와 도드는 친구가 되었고, 커티스는 여러 차례 도드를 찾아갔는데, 한번은 도드가 뇌졸중으로 그림을 그리던 오른손이 마비된 직후였다. 그럼에도 불구하고 그는 그날도 캔버스 앞에 가서 두 손가락 사이에 붓을 끼우고 왼손으로 오른손을 잡고 캔버스 위를 가로지르는 원색의 완벽한 선을 하나 그었다. 용기? 그렇다. 그것은 바로 지독한 노력의 결과였다.

용기를 내라. 꿈을 이루기 어렵다고 포기하는 것을 강하게 거부하라. 오늘 당신을 당신의 목적에 가깝게 이르도록 하는 일을 하라.

03
17

당신의
열정은

**승리할 수
있는
원동력이다**

크리스는 5살 때 학교 연극에서 단역을 맡았다. 자신이 받은 박수갈채에 감격한 그는 집으로 돌아오자마자 자신은 커서 배우가 되겠다고 말했다. 그의 어머니는 연기는 아주 어려운 일이라고 설명해주었다. 그녀는 다운증후군을 갖고 있는 크리스 같은 아이가 맡을 수 있는 배역은 거의 없다는 것을 잘 알고 있었다.

  크리스의 어머니는 크리스가 태어날 때 자신의 아들이 전혀 걷거나 말하지 못할 것이고, 만족스러운 삶을 살기는 더

더욱 힘들 것이라는 말을 들었다. 아이를 고아원 같은 곳에 보내라는 충고도 받았다. 그러나 그녀는 자신의 아들을 포기하고 싶지 않았다. 어머니는 아이와 함께 걷고 말을 하고 책을 읽어주었다. 학교에 들어가기 전에 이미 크리스는 걷고 말했고, 다른 사람들에게 예민한 관심을 갖고 있었으며, 다른 사람들의 욕구에도 민감했다. 그는 TV 광고에서 나오는 노래들을 따라 부를 수 있었고, 드라마에 나오는 인물들을 흉내 내기 좋아했다.

10대 초반에 크리스는 운송업체 UPS 트럭을 보며 이렇게 말했다.

"나는 Up 신드롬을 갖고 있다. 왜냐하면 내 인생은 행복하고 흥미로우니까."

크리스 버크가 대단히 큰 성공을 거둔 TV 연속극 〈Life Goes On〉에서 코키 배역을 맡아 스타덤에 오를 수 있었던 것은 이러한 긍정적인 태도 때문이었다.

당신은 'up' 증상을 갖고 있는가, 'down' 증상을 갖고 있는가?

03
18

인간의
가장 큰 혁명은

**마음을 바꾸면
삶도 바뀐다는 것의
발견이다**

미숙아로 두 달 일찍 세상에 나온 켄트 컬러는 태어나서 숨을 쉬지 못했다. 의사는 산소 호흡기로 그의 생명을 구했지만, 그로 인해 켄트는 시각장애인이 되었다.

  그의 부모는 아들이 시력을 잃기는 했지만 인생까지 망치지 않도록 하겠다고 결심했다. 부모는 그가 나무 오르기, 자전거 타기, 학교에 가는 일을 포함해서 사실상 다른 아이들이 하는 모든 일을 스스로 할 수 있게 가르쳤다. 그는 자신으로서는 어쩔 수 없는 불운을 겪었지만 A학점만 맞는 학생이었고, 보이스카우트 단원이었다. 그가 가장 좋아한 책은 《천문학 골든 북》이었다.

켄트는 고등학교 졸업식에서 고별사를 읽었고, 대학에서는 파이 베타 카파(Phi Beta Kappa, 1776년 창설된 성적이 우수한 미국 대학생 및 졸업생 클럽)의 회원이 되었으며, 물리학 박사 학위를 받았다. 20대 초에 켄트는 미국 항공 우주국에 컴퓨터 모델을 제출해서 우주 비행선의 레이더 체계를 개선시켰다.

오늘날 켄트는 미국 항공 우주국에서 가장 창의적이고 생산적인 과학자의 한 사람이 되었다. 할 수 없다는 말을 들으며 자라는 다른 많은 시각장애자들과는 달리 켄트 컬러는 자신이 원하는 것은 무엇이든 할 수 있다고 믿었다. 그 결과 전 우주가 그의 것이 되었다.

당신은 무엇을 할 수 있다고 여기는가? 지금은 당신의 자신감과 용기가 커져야 할 때인지도 모른다.

03
19

최악을
맞이하고 싶거든

**아무것도
하지
마라**

올림픽 피겨 스케이트 금메달리스트인 예카테리나 고르디바는 동화 같은 삶을 산 것으로 여겨진다. 그녀는 자신의 파트너인 세르게이 그린코프와 결혼해서 아름다운 딸 다리아를 낳았다. 그린코프가 28살 때 뉴욕 플레시드 호수에서 스케이트 연습을 하다가 갑자기 죽었을 때 그녀는 자신의 인생에서 태양이 졌다고 느꼈다.

  예카테리나는 남편의 장례식을 치르기 위해 모스크바로 돌아가서 깊은 상심에 빠져 있었다. 그녀에게는 살아야 할 목적이 전혀 없는 것 같았다. 그러던 어느 날 어머니의 말에 그녀는 정신이 번쩍 들었다.

"다리아에게 병든 엄마는 필요 없으니, 모스크바든 미국이든 가서 마음대로 살아라. 단지 네가 다리아를 조금이라도 생각하고 있다면 다시 건강한 사람이 되도록 해 봐라."

예카테리나는 어머니의 이 같은 말에 다시 스케이트를 타기 시작해서 짝 없이 혼자서 연습하는 법을 배웠다. 빙판 위에 있으면 세르게이가 옆에 있는 듯이 느껴져 큰 위안이 되었다.

1996년에 세계 스케이트계는 세르게이를 기리기 위해 예카테리나에게 올림픽에 나와 주기를 요청했다. 그녀는 자신의 음악으로, 말러가 미래의 아내에게 바치는 연서(戀書)로 작곡한 말러의 교향곡 5번을 골랐다. 그녀는 마음으로부터 스케이트를 탔고, 기립 박수를 받았다. 예카테리나는 전진하는 삶을 살겠다는 확고한 결정을 한 다음 빙상으로 되돌아갔다.

지금 당신은 위대한 깊이의 믿음과 위대한 높이의 승리에 이르기 위해 어떤 결정을 하고 있는가?

03
20

대부분의
사람들은

**재능이 부족해서
실패하는 게
아니다**

웨스 스미스는 고등학교나 대학을 졸업하면서 본격적으로 직장을 찾는 학생들에게 충고하기 위해 《저 세계로의 초대》라는 해학적인 책을 썼다. 그가 그 책에서 내놓은 충고의 하나는 이렇다.

 "일이 끝난 후 저녁마다 동료들과 술을 마시겠다는 생각은 하지 마라. 사장은 술을 마시지 않는다는 것을 기억하라. 그것이 바로 그가 사장이고, 당신의 동료들이 여전히 평사원인 이유다."

그는 자신이 아는 놀기 좋아하는 한 무리의 젊은이들을 염두에 두고 그렇게 썼던 것이다. 그 책이 출간되고 5년이 지나서 그는 우연히 그 젊은이들 중에 한 사람을 만나게 되었다. 그는 자신이 그 책을 읽었고, 그 결과 일이 끝난 후에 다시는 술을 마시러 가지 않겠다고 결심했다고 털어놓았다. 그것이 효과가 있었다. 그는 중요한 저축대출조합의 부사장직으로 승진했다.

많은 사람들이 성공에 대해 진지하게 생각하고 있지만 '즐거움'에 대해서도 진지하다. 그들은 진정으로 자신의 목적에 집중하지 못한다.

승리자는 즐거움을 누릴 수 없다고 말하는 것이 아니다. 승리자도 즐거움을 누릴 수 있고, 누려야 하고, 누린다! 그러나 그들은 즐기는 가운데 자신의 삶을 낭비하지 않고, 자신의 목적에 눈을 떼지 않으며, 목적을 이루기 위해 한 걸음 한 걸음 나아간다. 늘 초점을 유지하라. 그렇지 않으면 결코 당신의 가능성을 실현시킬 수 없다.

03
21

당신이 무슨 일을
한다고 해서

**존경받는
것은
아니다**

야심에 찬 젊은이가 유명 작가를 찾았다. 작가가 젊은이에게 물었다.
 "무슨 일로 날 찾았나요?"
 "저도 작가입니다. 선생님의 성공 비결을 알고 싶습니다."
 "당신은 뭘 썼지요?"
 "아직은 없습니다. 구상 중입니다."
 "아직 아무것도 쓰지 않았다면 도대체 뭘 쓰려는 건가

요?"

"아직은 학생입니다. 구상한 것을 쓸 시간을 내기가 쉽지 않습니다."

그 작가는 문 쪽으로 가다가 다시 젊은이를 돌아보면서 마지막으로 이렇게 물었다.

"글을 쓰지도 않으면서 왜 스스로를 작가라고 하나요?"

젊은이가 아무 말도 못하자 작가가 말했다.

"작가는 글을 쓰고, 작곡가는 작곡을 하고, 화가는 그림을 그리고, 일꾼은 일을 하지요. 어떤 직업을 갖느냐는 대부분 무엇을 하느냐에 달려 있소. 그리고 무엇을 하느냐는 대개 그 사람이 어떤 사람이냐에 달린 거요. 밖으로 드러난 직업이 내면의 자신의 모습과 잘 어울릴 때 비로소 훌륭한 작가, 화가, 작곡가가 될 수 있는 거요."

자신의 가치는 지금 원하는 일을 하고 있을 때부터 생겨난다. 되고자 하는 사람이 되어라. 승리자가 승리한다.

03
22

끝이 보이기
전에는

**아직
끝난 것이
아니다**

역사상 가장 위대한 지도자의 한 사람인 윈스턴 처칠은 중도에 포기하지 않는 사람으로 유명하다. 그는 도중에 포기하면 분명히 진다는 것을 알고 있었다. 포기하는 사람은 자신의 능력을 제대로 발휘할 수 없고, 다음 목표마저도 이룰 수 없을지 모른다. 이 점과 관련해서 처칠이 다음과 같은 유명한 연설을 한 적이 있다.

 "우리는 끝까지 싸울 것이다. 프랑스에서 싸우고, 바다에서 싸우고, 하늘에서도 싸울 것이다. 우리는 어떤 대가를 치르더라도 우리의 영토를 지킬 것이다. 우리는 착륙 장소에서 싸울 것이고, 들과 거리에서 싸울 것이고, 산악에서 싸울 것이다. 우리는 결코 굴복하지 않을 것이다. 나로서는 도저히 용납할 수 없는 일이긴 하나, 설사 이 섬이 적의 수중에 들어가거나 식량이 끊긴다 하더라도 바다 건너 우리의 대영 제국이 영국 함대로 무장하고 투쟁을 지속하여 승리를 이끌어낼 것이다."

전쟁이든 경기이든 사업이든 삶을 위한 투쟁이든 마지막 종이 울리기 전까지는 승리를 향해 온 힘을 다해 뛰어라. 나의 할 일을 다한 후에는 다른 이들이 나의 노력을 발판으로 한 계단 더 뛰어오를 수 있도록 하라.

CHAPTER 4
누가 리더의 자격을 갖추었는가

진정한 리더십은 거의 언제나 말없는 결의, 겸손한 대화, 부드러운 설득이 특징이다. 다른 사람들의 존경, 충성, 찬탄을 얻고 난 뒤에야 그들을 지휘할 책임을 맡아야 한다.

04
01

리더십이란
것은

'값을 치르고 사는'
것이다

어느 교회에 새로 부임한 목사가 그곳에서 얼마 동안 생활을 한 뒤 자신을 그곳에 보낸 목사에게 이렇게 물었다.

"왜 저를 이렇게 빚이 많고 노인 몇 분만 나오는 교회에 보낸 겁니까?"

그는 다음과 같은 대답을 듣고 깜짝 놀랐다.

"거기서 성공하라는 건 아니네. 자네가 올 연말까지 아무 말썽 없이 교회 문을 닫을 수만 있다면 우리는 만족하네."

신임 목사는 기도하다가 자신의 신학교 동창생 중에 한국에서 온 동창생들이, 한국에서는 신학교를 졸업하면 교회가 없는 동네에 가서 교회를 개척해야 한다고 한 말이 기억났다. 목사는 결심했다.

"여기라고 새롭게 교회를 시작하지 못할 이유가 없지 않은가?"

그는 18명의 교회 신도들에게 용기를 북돋아주고 동네 주민에게 전도하게 했다. 연말이 가까워졌을 때 교회는 빚을 청산했고, 주일 낮 예배 때는 신도들로 거의 꽉 찼다. 그 다음 해에는 신도가 200명이 넘게 불어났고, 주일 예배에 오는 인원이 너무 많아 2부 예배를 드리게 되었다. 그래서 좀 더 큰 교회를 지을 계획을 세웠다.

적은 인원으로 일을 시작해야 한다고 해서 낙담하지 마라. 예수께서도 열두 제자만을 데리고 일을 시작했다.

04
02

내일, 리더가
되느냐 안 되느냐는

**오늘
치르는 값에
달렸다**

한 고객이 컴퓨터 회사의 서비스 부서에 전화해서 새로 산 프린터에 대해 불평했다. 그 부서의 직원이 도와주려 했으나 고객이 큰 소리로 고함을 쳐서 무슨 말인지 알아듣기 어려웠다. 그가 욕을 하자 직원은 상사에게 전화를 넘겼다. 상사 또한 그의 말을 알아듣기 어려웠으므로 집을 방문해서 무슨 문제가 있는지 알아보기로 했다.

상사가 그 고객의 집에 가서 확인해 보니 프린터에 잉크를 갈아 넣으면 되는 것이었다. 그 고객이 사례를 하겠다고 하자 상사는 이렇게 대답했다.

"사례는 안 하셔도 됩니다. 다만 선생님께 한 말씀만 드리고 싶습니다. 제 직원들은 양질의 서비스를 제공하고 있고, 일솜씨도 뛰어납니다. 그들은 저에게 대단히 소중한 사람들이니 그들을 존중해주실 수 없다면 선생님께 다른 거래처를 찾아보시라고 권해 드리고 싶습니다."

그 고객은 매우 미안해하면서 자신의 행동이 지나쳤다고 인정했다. 이틀 후 그는 회사를 찾아와 전화를 받았던 직원에게 자신의 잘못을 사과했다.

그 상사는 꽤 큰 모험을 했다. 맹목적으로 고객을 왕이라고 여기지 않고 오히려 부하들에게 충직성을 훈련시킬 기회로 삼았다. 그는 참된 리더가 되기 위해 치러야 할 값을 기꺼이 치르고자 했다. 즉, 고객을 잃는 위험도 감수했던 것이다.

좋은 리더라면 어려운 순간에도 올바른 결정을 한다.

04
03

아무런
생각도

**하지 않는 사람은
되도록
멀리하라**

 맑고 화창한 날이었다. 바다는 고요했고 산들바람이 불었다. 몇 사람이 어느 낡은 배에 올라타 항해를 떠났다. 아무도 목적지를 정하지 않았고, 아무도 선장이 되려 하지 않았기 때문에 배는 정처 없이 떠다녔다.
 갑자기 일기가 몹시 나빠졌다. 하늘이 깜깜해지면서 거센 바람이 불고 파도가 높아지고 비가 내리기 시작했다. 사람들이 미처 정신을 차리기도 전에 배가 암초에 부딪혀 물이 새기 시작했다. 모두들 큰 위험에 빠졌다는 것을 알았으나

서로 협력할 분위기가 아니었다. 한 남자가 소리쳤다.

"이건 내 잘못이 아니야!"

배 좌측에 있던 그 남자는 우측에서 물이 새므로 우측에 있는 사람들이 수리해야 한다고 주장했다. 그러나 우측에 있는 사람들 또한 서로를 비난하느라 바빠 수리할 생각조차 하지 못했다. 배가 가라앉기 시작하자 저마다 궁지에서 벗어날 묘안을 제시했으나 다들 다른 사람의 의견을 무시했으므로 배는 가라앉아 결국 그들 모두 익사했다.

작은 배, 작은 회사, 작은 부서에 있으면 자기의 생각을 계속해서 주장하는 것이 위험할지 모르나 가만히 앉아 아무것도 안 하는 것이 더 위험할 수도 있다. 리더십의 공백은 위기가 닥쳐야 채워질 것이다. 그러나 너무 늦기 전에 그 틈을 메워야 한다.

04
04

자신을 리더라고 생각하나
따르는 사람이 없다면

**그저
산보 나온 사람에
불과하다**

명예와 권력을 간절히 바라는 한 젊은이가 어느 날 랍비 부남을 찾아갔다.

"돌아가신 부친께서 꿈에 나타나 저더러 사람들의 리더가 될 것이라고 일러주셨습니다."

랍비 부남은 말없이 젊은이의 이야기를 들어주었다. 며칠 뒤 젊은이가 다시 찾아왔다.

"밤마다 똑같은 꿈을 꾸는데, 부친께서 꿈에 나타나 저더러 사람들의 리더가 될 운명을 타고났다고 말씀하십니다."

랍비가 말했다.

"네가 사람들의 리더가 되려 한다는 것은 이해한다만 부친께서 또 꿈에 나타나시거든 준비를 하고 있다고 말씀드리고, 다른 사람들에게도 찾아가 네가 리더임을 일러줘야 한다고 전해 드려라."

참된 리더는 본부의 지시, 부서 간의 권력다툼, 쿠데타로는 결코 만들어지지 않는다. 다른 사람들을 속이고, 자신의 권력을 뽐내며, 충성을 요구하는 사람은 참된 리더가 아니다.

진정한 리더십은 거의 언제나 말없는 결의, 겸손한 대화, 부드러운 설득이 특징이다. 다른 사람들의 존경, 충성, 찬탄을 얻고 난 뒤에야 그들을 지휘할 책임을 맡아야 한다.

04
05

효율적인 관리자는
현재에 살지만

**모든 것을
미래에
집중한다**

한 기업체의 임원이 비단 제조업자를 만나러 중국에 갔다. 그는 오후 1시 30분경 공장에 도착했는데 이상할 정도로 공장이 조용했다. 운전사를 따라 안으로 들어간 그가 맨 처음 만난 사람은 접수계원이었다. 그러나 그는 바닥에 자리를 깔고 대자로 누워 자고 있었다.

  운전사가 말했다.

  "저런, 낮잠 시간이네요."

  임원은 운전사를 따라 복도를 걸으며 수십 개의 사무실,

디자인실, 휴게실을 지나쳤는데 모든 직원이 자고 있었다. 사장실까지 왔을 때 임원은 반쯤 열린 문틈으로 사장이 소파 위에서 자고 있는 모습을 볼 수 있었다.

운전사가 속삭였다.

"잠시 기다리시죠. 낮잠 시간이 거의 끝나갑니다."

임원은 부드러운 비단 의자에 앉았다. 몇 분 지나지 않아 그도 잠에 빠져들었다. 그러나 그는 2시 정각에 벨이 울리는 소리에 잠이 깼다. 3분 뒤 그와 사장은 마치 아침 회의를 하는 듯한 기분으로 대화를 나누었다. 임원이 말했다.

"이렇게 활기찬 일터는 처음 봅니다. 다들 분주하게 움직이며 일에 몰두하고 있더군요."

각 개인의 현재의 필요를 채워줄 때 조직의 미래가 밝아진다.

04
06

대부분의 사람들이 비판을 받고
고치지 않고

**오히려
칭찬을 받고
몰락한다**

에드 영은 《불행한 시작, 행복한 결말》에서 자신이 한때 목회를 했던 어느 교회의 가정을 회고하고 있다. 그 가정에는 장성한 20대 후반의 형제가 부모의 집 다락방에서 살고 있었다. 형제는 아버지가 일하는 인근 공장에서 일했다.

  주말마다 형제는 많은 공장 노동자들이 하는 대로 공장 근처의 싸구려 선술집에 가서 술을 마셨고, 가끔씩 철창신세가 되기도 했다. 그런 일이 있을 때마다 아버지는 '선량하고 존경할 만한' 남자였기에 아들들을 보석금을 내고 구해주었다. 그는 그렇게 하는 것이 아버지의 도리라고 생각했다.

어느 날 밤, 영은 전화를 받고 깜짝 놀랐다. 그가 늘 두려워하던 일이 벌어졌던 것이다. 형제가 술을 마시러 밖으로 나갔다가 집으로 돌아오던 길에 심하게 언쟁을 벌였고, 결국 형제 간에 살인이 일어났다는 것이다.

그 형제의 어머니는 장례식 후에 영에게 와서 물었다.

"오, 목사님, 무엇이 잘못되었기에 일이 이렇게까지 된 거지요?"

영은 그녀를 위로할 뿐 대답할 수가 없었다. 그녀는 20년 전에 물었어야 할 물음을 그제야 묻고 있었다.

우리 스스로를 훈련시키고 우리가 책임져야 하는 사람들을 훈련시킬 수 있을 때 비로소 우리는 '성인'이라고 할 수 있다. 리더십에는 사랑과 자비뿐만 아니라 자진해서 옳은 일을 위해 단호한 태도를 취하는 것도 포함된다. 승리자는 사랑이 담긴 비판을 주고받는 법을 알고 있다.

04
07

조직의 심장부를
누가 지휘하느냐에 따라

**모든
환경이
달라진다**

전설적인 미식축구 감독 조지 알렌은 국민건강증진을 위한 대통령자문위원회에서 이렇게 말한 적이 있다.

"여러분이 어떤 사람이든지 어떤 지위에 있든지 무엇을 이루고자 한다면 그것을 위해 지속적으로 싸우지 않으면 안 됩니다."

알렌의 삶은 그 자신이 말한 그대로였다. 전미 미식축구 리그(NFL) 감독의 한 사람으로서 그는 최하위에 있는 두 팀, 즉 로스앤젤레스 램스와 워싱턴 레드스킨스를 차례로

리그의 왕위 결정전인 슈퍼볼에 진출시킨 업적을 남겼다.

감독의 자리에서 은퇴한 72살의 알렌에게 롱비치 주립대학으로부터 전화가 걸려왔다. 존폐위기에 놓인 대학의 미식축구 팀을 되살려 달라는 부탁이었다. 그들은 알렌이 도와주지 않으면 팀 전체를 해체시킬 수밖에 없다고 말했다. 그는 "그래, 그럼 해 보지" 하고 다시 한번 결의를 다졌다.

알렌이 가서 보니 팀의 사기, 시설, 기금 등이 모두 형편이 없었다. 그들은 대학 내에서 웃음거리가 되고 있었다. 그는 팀을 재건하는 일에 착수해서 선수들과 나란히 운동장을 돌고 윗몸일으키기와 팔굽혀펴기를 하는 모범을 보였다. 그는 성과를 요구했고, 열심히 잔소리했다. 그는 선수들에게 긴장, 집중, 욕구를 서서히 주입시켰다.

얼마 뒤 롱비치 주립대학은 참으로 오래간만에 시즌 경기에서 승리를 거두었다. 시즌 마지막 경기에서 UNLV를 29대 20으로 이기고 6주 뒤 알렌은 심장마비로 숨을 거두었다. 그는 실로 끝까지 싸웠고, 그리고 이겼다.

마냥 서 있지 말고 몸소 실천하는 당신이 되어라.

04
08

리더는
해야 할 일과

**중요한
일을
알고 있다**

의사인 빌 포에그 박사는 질병 예방 분야에서 세계적으로 뛰어난 전문가의 한 사람이다. 그는 1977년 천연두 근절에 한몫을 했고, 10년 가까이 질병관리종합센터의 소장으로 있었으며, 그 뒤 카터센터의 전무이사로 일했다. 그는 세계의 오지에 있는 사람들에게 이바지하기 위해 높은 연봉을 받을 수 있는 자리를 여러 차례 거절했다.

 한번은 비아프라의 깊은 정글 속에서 지내면서 작고 고립된 마을에 흩어져 사는 수많은 사람들을 찾아다니며 면역성을 갖게 하는 어려운 일을 해야 했다. 그는 지역의 족장을 찾아가 프로그램을 설명하고 자신을 마을로 안내해줄 안내인을 부탁했다. 추장은 그를 올려다보면서 대답했다.

"그보다는 사람들을 모두 이곳으로 모이라고 하는 편이 더 쉬울 겁니다."

다음 날 아침, 사람들의 물결이 마을 광장에 끝없이 이어졌다. 포에그 박사가 추장에게 물었다.

"세상에, 어떻게 이 많은 사람들을 모이게 할 수 있었습니까? 그것도 면역 주사를 맞겠다고 아우성치면서 말입니다."

"저들에게 세상에서 가장 키 큰 사람을 보고 싶거든 이리로 오라고 말했지요."

포에그 박사는 키가 2미터쯤 되는 장신이었다.

당신은 어떤 일을 이루기 위해 여러 가지 방법을 쓸 수 있으나, 사명이 여러 가지가 되어서는 안 된다.

04
09

리더는

기술을

**개발하고
발달시키는
능력이 있다**

포장지 제조 사업의 전문가이면서 동기유발 전문 저자이자 연설가인 하비 맥케이는 언어학을 배우고 있다. 그는 6개의 언어를 공부했는데, 그중 하나가 중국어다.

 그는 사업차 중국에 갔다가 중국어 실력을 발휘할 수 있는 좋은 기회를 얻었다. 사업 대표단의 리더였던 그는 2차 세계 대전 이후 미국의 사업가로서는 처음으로 중국 현지에서 중국어로 연설을 해 국제적인 신문과 방송에서 화제의 인물로 다루게 되었다.

이것이 계기가 되어 그는 많은 미국의 사업가들과 교제를 맺게 되었다. 그것은 그들이 그의 풍부한 능력을 보았기 때문이다. 그들은 중국이나 포장 사업에 대해서는 어느 정도 알고 있었다. 그러나 어려운 언어를 선택해 배우는 사람이라면 자신들의 사업에 대해서도 많이 알려고 애쓰고 혁신적인 해결책을 생각해내리라고 믿었다.

그는 중국어로 연설함으로써 자기 자신의 가치도 향상시키고, '굉장히 많은 양의 포장지'를 파는 쾌거를 올렸다.

계속 성장하라. 즐거운 마음으로 새로운 것에 관심을 갖고 지속적으로 배우면 지도자이자 승리자로서의 명성이 더욱 높아질 것이다.

04
10

참된 지도자가
돋보이는 까닭은

**지평선 너머의
또 다른 지평선을
볼 수 있기 때문이다**

윌리엄이 처음 캐디로 일을 시작한 것은 그가 겨우 9살 때였다. 그것이 그의 평생에 걸친 골프 사랑의 시작이었다. 그는 12살 때 좋은 기회를 얻어 꾸준히 연습했다.

  2차 세계 대전으로 고향에 돌아온 뒤 윌리엄은 골프를 하고 싶은 마음이 간절했으나 미국 오하이오 칸튼 지역의 클럽들은 흑인을 받아주지 않았다. 그러나 그는 포기하지 않았다. 그는 잡초와 콩잎으로 덮여 있는 78에이커의 밭을 보았고, 그 밭을 골프장이라고 상상했다. 두 흑인 의사가 그의 꿈에 돈을 투자했다.

윌리엄과 그의 아내는 1946년에 그 농장으로 이사했다. 그는 경호원으로 일을 하면서 시간이 날 때마다 그 밭을 손질했다. 프로골프협회가 흑인을 받아주기 16년 전의 일이었으나 윌리엄은 자신을 개척자라고 생각한 적은 단 한 번도 없었다. 그는 오로지 골프가 하고 싶었을 따름이었다.

이스트 칸튼의 클리어뷰 골프 클럽은 1948년에 9홀의 코스로 개장했다. 윌리엄은 그 후로도 18년을 더 경호원으로 일을 하다가 마침내 다시 52에이커를 구입해서 18홀로 확장했다.

오늘날 윌리엄 파웰은 미국에서 그 자신의 골프장을 설계하고 마련해서 소유한 유일한 흑인이다. 그의 골프장에서는 전혀 인종차별을 하지 않는다. 그가 늘 바라던 것은 바로 누구나 골프를 할 수 있는 기회를 갖게 하는 것, 바로 그것이었다.

결코 포기하지 마라. 당신의 꿈에 불가능이란 없다.

04
11

리더십은 스스로에게
민감해질 수 있는

**환경이
필요하다는 것을
깨닫게 한다**

피터 챈은 원예학의 거장이다. 그는 1960년대 중반에 중국을 떠나 오리건 포틀랜드로 이민을 가서 소박한 전원풍의 단층집을 샀다. 그의 정원 자체가 하나의 걸작이었다. 그의 정원에는 꽃과 다년생 식물과 관목과 야채와 잔디와 과실수를 비롯하여 수백 가지의 다양한 식물 종들이 심어져 있고, 그 사이로 아름다운 길이 나 있으며, 곳곳에 신선한 연못이 있다. 모두 인공적으로 만든 것들로, 공들여 가꾸고 있었다.

어느 날 한 친구가 피터와 함께 정원을 걷다가 이렇게 물었다.

"피터, 너는 몹시 바쁜데도 어떻게 이 모든 꽃과 나무들을 관리할 시간을 낼 수 있지?"

피터는 눈살을 찌푸리며 말했다.

"꽃과 나무는 관리하는 게 아니야. 잘 돌봐주어서 그들이 갖고 있는 것을 발휘하게 해주는 거야."

좋은 관리자는 가장 좋은 사람을 고용해서 그들이 자신의 독특한 재능을 발휘할 수 있는 비옥한 환경을 만들어주는 것이 중요하다는 걸 알고 있다. 사람들은 거의 대부분이 배우고, 자라고, 만들고, 이루고 싶어 한다.

당신이 어떤 분야를 선택하든 승리하려면 좋은 인재를 찾아 육성하고, 그들이 재능을 최대한 발휘할 수 있도록 최선을 다하라. 누구나 작은 격려로 큰일을 할 수 있다.

04
12

리더는
구성원에게

**자신의
노하우를 전달하고자
노력한다**

낙제를 하고 '정신적인 장애자'라는 낙인이 찍힌 채 특별 학급에 배치되어 1년 동안 학교를 다시 다니는 한 젊은이가 있었다.

 이 학교에는 화술과 연극 수업을 가르치는 르로이 워싱턴이라는 교사가 있었는데, 그는 뛰어난 인품과 친절로 명성이 자자했다. 워싱턴은 정식으로 수강 신청을 하지 않고 자신의 수업을 듣는 그 젊은이를 눈여겨보았다.

 어느 날 워싱턴은 그 젊은이에게 자기 대신 철판에 글씨를 써 달라고 부탁했다.

"선생님, 저는 그렇게 못합니다."

"왜 못한다는 거지?"

젊은이는 이유를 말하기를 주저하다가 입을 열었다.

"사실, 저는 특별학급 학생입니다."

"그건 문제가 되지 않아. 칠판에 가서 내가 부르는 대로 받아 써."

"못해요. 저는 정신적으로 약간 모자라요."

워싱턴은 그 순간을 포착했다. 그는 의자에서 일어나 젊은이를 한동안 뚫어지게 쳐다보다가 말했다.

"그런 말은 다시는 하지 마라. 누가 뭐라 한다고 그것을 너의 현실로 받아들여서는 안 된다."

그 젊은이의 이름은 레스 브라운이다. 훗날 유명 강연인이 된 그는 당시를 이렇게 회고했다.

"그 순간 내 인생이 새롭게 바뀌기 시작했습니다."

승리자는 자기 자신의 삶에 대해 비전을 가질 뿐 아니라 주변에서 함께 살고, 일하는 사람들을 분발시킨다.

04
13

결단력 없는
사람보다

**비참한
사람은
없다**

메인 주에서 한 감자 농사꾼이 추수 때 일손이 딸려 일꾼 한 명을 불렀다. 그의 집 뜰에는 트럭 한 대 분량이 넘는 감자가 높이 쌓여 있었다. 농부는 일꾼한테 큰 감자와 작은 감자를 분리해서 따로 쌓아 놓으라고 지시했다.

  정오에 농부는 일꾼이 일을 잘하고 있나 보러 왔다가 4시간이나 지났는데도 감자 더미가 그대로 있는 것을 보고 깜짝 놀랐다. 농부는 아무리 게을러도 이럴 수가 있나 하는 생각에 충격을 받았다. 그는 일꾼에게 왜 아무 일도 안 했는지를 물어보았다.

일꾼은 대단히 고통스러운 듯 얼굴을 찡그리며 말했다.

"감자를 옮기는 건 어렵지 않습니다만, 이 감자가 큰 감자인지 작은 감자인지 몰라 망설이고 있습니다."

소박한 철학자 앨버트 허버드가 이렇게 말한 적이 있다.

"어떠한 간부라도 '당신이 분명한 입장을 취하는 경우는 욕실 체중계 위에 올라설 때뿐이다'라는 말을 들으면 결코 참지 못하고 달려들 것이다."

어떤 결정도 취소해서는 안 된다고 생각해서 결정 자체를 주저하는 사람들이 있다. 현실에서는 잘못된 결정이라는 것이 증명되었는데도 같은 결정을 다시 하는 경우도 가끔씩 생긴다. 사활이 걸린 중대한 결정을 하게 되는 경우는 아주 드물다.

결정하지 못하는 무능은 자신감이 없음을 보여준다. 자신감을 갖고 미루지 마라. 결정하라.

04
14

미래의
가능성의

**길을 열어주는 자가
참된
경영자다**

아투로는 8살 때 부모가 이혼해서 어머니는 생활 보호를 받았고 아투로 자신은 영어를 몰라 무척 고생했다. 환경은 그러했지만 그는 부단한 노력으로 우등생 명부에 올랐고, 텍사스 빈민가의 한 학교에서 이러한 성공을 거둔 500여 명의 어린이 중 한 명이 되었다.

  이렇게 성공한 어린이들 뒤에는 벨다 코레아라는 교장이 있었다. 그녀는 거의 날마다 빈민가의 문을 두드리고 다니며 주민들의 욕구를 충족시키는 데 온 힘을 기울였다.

"학교가 여러분을 위해 무엇을 하면 좋을까요?"

그녀는 학생들이 결석으로 인해 뒤처진 진도를 만회하도록 토요일에도 학교 문을 열었고, 학교 도서관 사서의 도움을 얻어 학생들에게 책을 읽어주고 질문을 하는 반복 학습을 통해 영어를 연습하도록 도와주었다.

학교의 상담 선생님들은 할 일이 더 많아졌다. 선생님들은 모두 연극이나 뮤지컬 연출과 같은 활동을 돕는 일에 관련되어 있었다. 그 결과 학생들의 출석률이 90%를 훨씬 넘어섰고, 주에서 관장하는 시험에서 전보다 높은 점수를 받았다.

코레아는 이렇게 말했다.

"당신이 부유한 학교를 다니느냐 가난한 학교를 다니느냐는 문제가 되지 않는다. 당신이 가진 것으로 무엇을 하느냐가 중요하다."

코레아는 자기 학교의 학생들에게서 가능성을 보았고, 그 가능성을 개발하기 위해 최선을 다했다.

당신은 지금 즐거운 마음으로 당신 안에 있는 가능성을 찾아내 발전시키고 있는가?

04
15

선두에 서지
않는다면

**상황은
변하지
않는다**

어느 기업의 사장이 부사장을 뽑기 위해 두 유력한 후보를 영국 런던의 지사로 데리고 갔다. 사장은 두 후보가 능력과 경력 모든 면에서 우열을 가리기 어려웠으므로 그런 여행을 통해 누가 적임자인지 알 수 있기를 희망했다.

어느 날 밤 사장은 마을 너머 극장에서 열리는 연극을 보기 위해 표를 세 장 샀다. 택시 잡기가 생각보다 어려워 사장은 두 후보와 함께 한동안 호텔 앞에 서 있어야 했다.

사장은 안내원에게 도움을 구하고, 두 사람을 길 건너로 보내 택시를 잡게 했다. 몇 분 뒤 두 후보 중 한 후보가 손짓을 했지만, 그가 잡은 차는 개인 승용차였다. 두 사람이 올라타자 그가 말했다.

"제때 택시를 잡기가 어려울 것 같아 지나가는 차마다 세우고 사정을 이야기했더니 마침 이분께서 우리에게 호의를 베풀어 주셨습니다."

그의 방법은 정도는 아니었지만 그 때문에 극장에 늦지 않을 수 있었다. 사장이 새로운 부사장에게서 기대하는 자질이 바로 이러한 기지와 창의성이었다.

남들이 안 하는 모험을 할 때 잃는 것이 무엇이 있을까? 실패하더라도 똑똑한 놈이라는 말을 들을 것이다. 게다가 성공하면 머지않아 모든 사람들이 당신이 모험을 했다는 사실조차 기억하지 못할 것이다.

CHAPTER 5
인생을 혼자 살아가려고
하지 마라

오늘 당신이 만나는 소중한 사람들에게 온 정력을 쏟아라.
가장 중요한 시간 단위로서 하루가 당신에게 있다.
당신이 오늘 하루를 누구를 위해 무엇을 하면서 보내야
부족함이 없을까를 생각하라.

05
01

능력이 아무리
뛰어나더라도

**주위에 관심을 가져야
그 사람들 역시
당신에게 관심을 갖는다**

나폴레옹은 세계 역사에서 가장 뛰어난 군사 전략가의 한 사람으로 평가되고 있다. 파리에는 그를 기리기 위해 기념비가 세워졌다. 그러나 나폴레옹이 세인트 헬레나 섬으로 유배된 뒤 그와 함께 살았던 사람들은 기념비를 세우지 않았다. 누구보다도 나폴레옹을 잘 아는 사람들이 그들이었기 때문이다. 왜일까? 나폴레옹은 여러 면에서 자신만 아는 어리석은 자였기 때문이다.

   나폴레옹이 유배될 때 누가 그와 함께 있었을까? 아내일까? 아니다. 그녀는 자신의 부친에게로 돌아갔다. 나폴레옹의 평생 동지였던 베르디에가 그와 동행했을까? 아니다. 베르디에는 인사 한마디 없이 그를 떠나 루이18세의 경비대장이 되었다. 나폴레옹이 신임하던 두 사령관은 공공연히 그를 욕했다. 오랫동안 그의 침실을 지키던 하인들조차 그를 떠났다.

나폴레옹은 자기 자신만을 위해 살다가 결국 외롭게 죽었다.

사람들은 당신이 다른 사람들에 대해서 얼마나 많은 관심을 갖고 있는지 알고 싶어 한다. 사람들은 자신이 이기적인 목적에 이용되는 것을 원치 않는다. 진정으로 승리하는 이들은 진심으로 타인을 배려하고 보살필 줄 안다.

05
02

말하기 전에

먼저

**그 말이
어떤 의미를 갖는지
생각하라**

두 남자가 열기구를 타고 여행을 떠났다가 방향을 잃었다. 그들은 한 남자를 발견하고 길을 묻기 위해 고도를 낮췄다. 열기구를 탄 두 남자 중 한 남자가 몸을 굽히고 큰 소리로 물었다.

"우리가 있는 곳이 어디인지 좀 알려주세요."

땅 위에 있는 남자가 대답했다.

"예, 두 분은 150미터 상공의 기구 속에 있습니다."

질문을 한 남자가 동료에게 말했다.

"저런 멍청이가 아닌 다른 사람을 찾아야겠어."

동료가 물었다.

"저 사람이 멍청이인지 어떻게 알아?"

그 남자가 말했다.

"말은 하나도 틀린 데가 없는데 듣는 사람에게 전혀 도움이 안 되잖아."

우리는 가끔씩 말의 어느 한 부분에 집착해서 듣는 사람에게 전혀 도움이 안 되는 말을 할 때가 있다. 상대방에게 의미 있는 말을 하려면 먼저 자신이 누구와 이야기하고 있고, 그가 원하는 것이 무엇인지 알아야 한다. 상대방이 전혀 관심을 갖지 않고 원하지도 않는 말을 하는 것은 아무런 도움이 되지 않는다.

자신이 무슨 말을 하는지 아는 것도 중요하지만 그보다 더 중요한 것이 누구하고 이야기하고 있는지 아는 일이다. 단순히 지식과 정보를 아는 것만으로는 누구에게도 도움이 되지 않는다.

05
03

모든 일을 직접 겪으면서 배우기엔
삶이 너무 짧다

**때로는
다른 사람의 실수에서
배우는 것도 필요하다**

승진이 너무 늦어 불만이 많던 어느 중학교 선생님이 어느 날 교장 선생님에게 이렇게 따졌다.

"내가 이 자리에 몇 년이나 있었는지 아십니까. 자그마치 25년입니다."

교장 선생님이 대답했다.

"25년이 아닐세. 그건 자네가 잘못 생각한 거야. 자네는 1년 동안 있었네. 자네는 25번 반복한 것뿐이야."

인격적으로 성장하기 위해서는 같은 훈련을 계속 반복하

고 있어서는 안 된다. 때로는 자기 자신을 넘어서는 훈련이 필요하다. 성공한 삶을 사는 사람들을 연구해서 무엇을 해야 하고 무엇을 하지 말아야 할지 알아야 한다. 오하이오 이스트 리버풀 출신의 전설적인 보험업자 벤 필드먼은 이렇게 말했다.

"겪어야만 안다면 그 사람은 바보가 분명하다."

다른 사람에게 배워야 인생의 함정에 빠지지 않고 현명한 결정을 할 수 있다. 자신에게 삶의 진실을 말해줄 사람들을 골라 인생 상담자로 삼아라. 승리자가 되려면 승리한 사람들로부터 적극적으로 배워야 한다.

05
04

내가 오늘 무엇을 하느냐가
중요한 이유는

**내 인생의 하루를
그것과 바꿔야 하기
때문이다**

옛날 옛적에 가족을 무척 소중히 여기는 한 젊은이가 살고 있었다. 그는 죽은 뒤 저승사자에게 이승에서 하루만 다시 살게 해달라고 애원했다. 그는 생애 중 가장 좋았던 날을 다시 살게 해달라고 청하지 않고, 특별한 일 없이 평범하게 지낸 날을 다시 살게 해달라고 말했다. 저승사자는 그의 청을 들어주었다. 그는 즉시 15살 때 살던 집으로 되돌아왔다.

모든 것이 그때 그대로였다. 그가 거실로 들어가자 어머니가 그의 옆을 지나쳐 갔다. 어머니는 집안일을 하느라 바빠 그가 있는지조차 모르는 것 같았다. 마당으로 나가자 아버지가 연장을 들고 마당을 가로질러 걸어가는 모습이 보였다. 일을 하느라 바쁜 아버지는 아들을 한번 흘낏 보고는 무심히 지나쳐 갔다.

그 젊은이는 그제야 깨달았다.

"그래, 우리는 대부분의 시간을 죽어 지내는구나! 참으로 살아 있는 이는 친구나 사랑하는 사람들 속에 간직되어 있는 보물을 볼 줄 아는 사람이다."

이렇게 말하고 그는 모든 사람이 순간순간을 소중히 여기는 천국으로 다시 돌아가게 해달라고 부탁했다.

오늘 당신이 만나는 소중한 사람들에게 온 정력을 쏟아라. 가장 중요한 시간 단위로서 하루가 당신에게 있다. 당신이 오늘 하루를 누구를 위해 무엇을 하면서 보내야 부족함이 없을까를 생각하라.

05 05

가장 중요한
일을

**가장 사소한 일로
그르쳐서는
안 된다**

옛날에 어떤 남자가 친구들과 이웃 사람들에게 자신의 올해 목표는 백만 달러를 버는 것이라고 말했다. 그는 그 목표를 이루기 위해 새로운 제품을 개발하고 특허를 얻은 다음 나라 곳곳을 다니며 팔았다. 때로는 자신의 아이들까지 데리고 일주일도 넘게 길을 떠돌아다니곤 했다. 그러자 그의 아내가 불평했다.

"아이들이 돌아오면 숙제도 까먹고 안 해요. 아이들을 일주일이나 데리고 다니는 것은 너무 무리예요. 아이들이 해야 할 일을 하도록 도와줄 생각이 없다면 아이들을 데리고 가지 마세요."

 그해 말에 그는 친구들과 이웃 사람들에게 목표한 대로 백만 달러를 벌었다고 말했다. 그러나 그는 곧 아내와 이혼했고, 두 아이는 마약 중독자가 되었으며, 한 아들은 신경쇠약증에 걸렸다. 그의 가족이 몰락하는 속도는 그의 은행 예금 잔고가 불어나는 속도와 거의 일치했다. 그 남자는 꿈을 이루는 데 드는 전체 비용을 계산하지 못했던 것이다.

오늘 당신의 목표가 사랑하는 이들의 행복을 포함한 당신의 인생 전체를 고려한 것인지를 확인해 보라. 당신에게 좋다면 당신 가족에게도 좋아야 한다. 목표를 이루었다 하더라도 같이 나눌 사람이 이 세상에 아무도 없다면 목표를 이룬다 한들 무슨 소용이 있겠는가?

05
06

묘지에서는

**최고의
부자가
필요 없다**

뉴욕 시에서 유명한 자선가였던 유진 랭이 121 공립 초등학교 6학년 교실에서 졸업연설을 한 적이 있다. 당시 학생들은 어느 누구도 대학에 들어갈 엄두도 내지 못하고 있었고, 게다가 고등학교를 졸업한다는 희망조차 거의 갖기 어려웠다.

연설을 마치기 직전 랭은 학생들에게 목표와 기회를 주었다.

"너희 중에 누구라도 고등학교를 졸업하면 장학금으로 대학을 갈 수 있게 해주겠다고 약속하마."

빈민가의 학생들은 평균 50%가 고등학교를 졸업하는데, 그날 랭의 말을 들은 48명의 학생 중에서 92%에 이르는 44명의 학생이 고등학교를 졸업했고, 42명이 대학을 갔다.

단순히 돈을 준다고 해서 이런 놀라운 결과가 나온 것은 아니다. 랭은 아이들이 중·고등학교 6년 동안 주위의 보살핌과 도움을 받을 수 있도록 수고를 아끼지 않았다. 아이들이 전에는 생각해 본 적이 없는 미래에 대한 꿈을 갖게 된 것은, 그날 그가 도전적인 목표를 갖게 해주었기 때문이다. 랭은 자신을 위해 부를 쌓기보다는 다른 사람들과 나누는 길을 선택했다.

당신이 승리자가 되고자 하는 목적이 어디에 있는가? 가치 있는 목표를 세워라.

05
07

세상 사람들의
절반은

**잘못된
방식으로
행복을 좇고 있다**

1983년 전미대학체육협회 주최 선수권 대회 결승전에서 존 톰슨이 감독을 맡은 조지타운 대학이 노스캐롤라이나 대학과 맞붙었다. 노스캐롤라이나에는 훗날 NBA 명예의 전당에 오르게 되는 제임스 월시와 마이클 조던이 뛰고 있었다.

경기 종료를 몇 분 남겨 두고 선두가 여러 차례 바뀌었다. 그러다가 경기 종료 17초를 남겨 놓고 조던의 점프 슛으로 노스캐롤라이나 대학이 63 대 62로 앞섰다. 이제 어느 팀이 우승컵을 거머쥘 것이냐는 조지타운 대학의 수비수인 프레

드 브라운의 손으로 넘어갔다. 브라운이 순간적으로 공을 상대편 제임스 월시에게 넘겨주는 실수를 해서 결국 우승은 노스캐롤라이나 대학으로 돌아갔다.

그 광경을 본 수많은 사람들은 입을 다물지 못했고, 조지타운의 팬들은 브라운에게 야유를 퍼붓기 시작했다. 이때 톰슨 감독이 브라운을 안아주었다. 톰슨의 포옹은 브라운의 인생을 변화시켰다. 브라운은 훗날 어느 인터뷰에서 이렇게 말했다.

"그 순간 정말 나 자신이 저주스러웠다. 그러나 그때 톰슨 감독님이 그런 일로 세상이 끝나는 것은 아니라는 것을 가르쳐주었다. 나는 그분을 생각하면 아무리 어렵더라도 절망할 수가 없었다."

다음 해에 조지타운 대학은 전미대학체육협회 우승컵을 차지했다. 경기가 끝날 무렵 승리를 확신한 톰슨 감독은 다시 브라운에게 다가가 껴안으며 이렇게 말했다.

"녀석, 우린 해냈잖아. 굴복이나 포기는 없어."

행복이란 갖고 움켜쥐는 데 있다. 하지만 행복은 위기의 상황에서 주고 베푸는 데 있는 것이다.

05
08

우리의 생활은 얼마를 버느냐가
중요하지만

**우리의 인생은
무엇을 주느냐가 중요하다**

인도의 메논 부통령은 2차 세계 대전 후 인도가 영국으로부터 독립하기 위해 투쟁할 때 중요한 정치가로 활약했다. 그는 가장 밑바닥부터 시작해서 빠르게 성공을 거둔 인물이었다.

열두 아이 중 장남으로 태어난 그는 13살 때 학교를 중퇴하고 인부, 광부, 직공, 상인, 교사로 일했다. 무슨 일을 하든 그는 성실하고 정직한 사람이라는 평을 받았다.

메논은 공무원이 되려고 델리에 갔다가 철도역에서 돈과

신분증을 비롯하여 갖고 있는 모든 것을 도둑맞았다. 그는 낙담했고, 앞길이 막막하기만 했다. 그는 모든 것을 포기해야만 하는가를 놓고 생각하다가 그럴 수 없다고 결론지었다. 간신히 용기를 내 어느 낯선 집으로 찾아가 자신의 처지를 말하고 15루피만 빌려 달라고 부탁했다.

이야기를 들은 한 노인이 선뜻 돈을 빌려주었다. 메논이 돈을 갚기 위해 주소를 알려 달라고 하자 노인은 살아 있는 동안 도움을 청하는 모르는 이에게 갚으면 된다고 말하며 집 안으로 들어갔다. 모르는 이가 도와주었으니 모르는 이에게 갚으라는 노인의 말이었다.

메논은 이 일을 잊지 못했다. 죽기 전날 그는 발이 헌 어느 거지가 자신의 집으로 와서 신발을 사게 해 달라고 부탁하자 15루피를 주었다. 이것이 그가 살아서 의식을 갖고 했던 마지막 행동이었다.

가능한 한 자주, 가능한 한 많이 당신이 줄 수 있는 것을 주어라.

05
09

위대한
인물의

**첫 번째
기준은
겸손이다**

옛날 영국 데이라 지방의 통치자였던 오스윈 왕은 아이단 주교에게 좋은 말 한 마리를 선사했다. 아이단 주교는 말을 타고 가다가 적선을 바라는 거지를 만났다. 주교는 즉시 말에서 내려 자신이 새로 얻은 말에 값비싼 장식까지 곁들여 내주었다.

  왕이 이 자선 행위를 듣고 나서 주교에게 화를 냈다.

  "주교가 여행을 다닐 때 말이 필요하다는 걸 알고 내가 특별히 고른 말인데 왜 남에게 주었소? 나는 거지가 타고 다닐 만한 말들도 많이 갖고 있소!"

그 말을 듣자 아이단 주교가 말했다.

"그 말이 인간보다 더 가치가 있습니까?"

왕은 즉시 잘못을 깊이 깨닫고 엎드려 용서를 빌었다. 그러자 감동을 받은 주교는 왕에게 일어나 저녁을 드시고 흥겹게 노시라고 권유했다. 왕이 자리를 뜨자 주교가 말했다.

"나는 지금까지 이분처럼 겸손한 왕은 보지 못했노라."

다른 사람 앞에서 자신의 잘못을 인정하고 용서를 구하는 데 주저하지 않는 사람은 언젠가 위대한 인물로 기억될 것이다.

05
10

혼자
100% 하느니

**100명이
1%씩 하는 게 낫다**

한 판매원이 시골길을 차를 몰고 가다가 갑자기 나타난 웅덩이에 빠졌다. 그는 근처에 있는 농부에게 도움을 청했다. 농부는 자신의 눈먼 노새 엘모를 차에 맸다. 그리고 회초리를 들고 허공을 치며 소리 질렀다.

"으랴, 샘. 으랴!"
"으랴, 잭슨. 으랴!"
"으랴, 엘모. 으랴!"
그러자 엘모가 차를 웅덩이 밖으로 끌어내기 시작했다.

당황한 판매원이 물었다.

"샘과 잭슨은 누구지요?"

"돕는 손길이 없다고 느끼면 아마 엘모는 꿈쩍도 안 할 겁니다!"

많은 일들이 효과적으로 이루어지기 위해서는 협동작전이 필요하다. 어느 날 한 스카우트 단장이 단원들을 데리고 도보 여행을 하다가 이 진실을 알게 되었다. 그는 나무 한 그루가 길을 막고 쓰러져 있어서 나무를 치우려고 무진 애를 썼다.

단원 중 한 아이가 단장에게 물었다.

"단장님의 힘이 그게 다예요?"

단장은 화가 났다.

"그래, 다다."

"제 생각은 그렇지 않은데요. 우리한테 도와 달라는 말을 하지 않으셨잖아요."

인생을 혼자 살아가려고 하지 마라.

05
11

팀워크는
수많은 경쟁에서

**우위를
차지하게
해준다**

뉴욕의 브리지햄톤에는 킬러 비스라는 이름을 가진 고등학교 농구팀이 있다. 그 팀은 1980년과 1993년 사이에 164승 32패의 좋은 기록을 세웠고, 여섯 차례 주 챔피언십 플레이오프에 진출해서 두 번 우승했으며, 두 번은 4강까지 진출했다. 전체 남학생 수가 고작 20명밖에 되지 않는 학교로서는 꽤 괜찮은 성적이었다.

 그 팀의 감독이 이렇게 말한 적이 있다.

 "솔직히 나도 어째서 우리가 이렇게 잘할 수 있었는지 모르겠다. 뛰어난 선수는 정말 단 한 명도 없었지만 경기에 나가면 팀워크가 언제나 척척 잘 맞았다. 나는 지역 주민들이 큰 역할을 한 것이 아닌가 생각한다. 지역 주민들이 우리 팀을 오랫동안 후원해주고 있다. 아버지들, 형들, 사촌들이 전에 우리 팀에서 뛰었고, 어머니들, 누이들, 이모들, 고모들이 끊임없이 우리 팀을 성원해주고 있다."

그들의 경기는 '팀으로 하는 농구'다. 그들은 동네의 영예를 지킨다는 사명감으로 열심히 뛰고 있다. 학업 성적도 뛰어나다. 그들은 공부를 게을리하지도 않으면서 1년 365일 하루도 거르지 않고 연습하고 있다. 어떤 사람이 지적했듯이 "그들은 이기리라고 믿고 있고, 그래서 이긴다."

어디에서 무엇을 하든 당신도 팀워크를 기르는 데 한몫할 수 있다. 집이든 직장이든 어디에서든 팀워크는 우리의 승리를 결정하는 위력을 갖고 있다.

05
12

성장하는
조직은

**구성원 모두가
공유하는
목적을 갖고 있다**

로드니 킹 사건에 대한 배심원 판결의 여파로 일어난 1992년 로스앤젤레스 폭동은 한 대형 매장이 점거당하는 사태로 치달았다. 내부 시설은 물론 건물 자체가 완전히 파괴되었기 때문에, 전문가들은 매장을 다시 열려면 최소한 9개월에서 1년 정도가 걸릴 것이라고 말했다.

　대형 매장의 중역진들은 노조 지도자들과의 수뇌 회담을 가졌다. 노조 지도자의 80%는 소수 민족 사람들이었다. 그들은 제품 제조업자들을 만나 이런 취지의 말을 했다.

"지금 여기에 1,300명의 일자리가 달려 있다. 많은 사람들이 우리는 할 수 없다고 말한다. 우리는 기술이 없다. 우리는 정력이 없다. 우리는 의지가 없다. 우리는 배짱이 없다. 우리는 관심이 없다. 우리는 그럴 자격이 없다. 과연 그들의 말이 옳은가?"

그것에 대한 대답은 "그렇지 않다!"는 말로 메아리쳐 돌아왔다.

그들은 전문가가 최소한 9개월은 걸린다고 예측한 일을 18일 만에 해냈다. 가게를 다시 열 준비를 하는 동안 2,000여 명의 손님이 기적에 동참하고자 줄을 서서 기다렸다. 성대한 개점 축하식에는 45명의 점원으로 이루어진 합창단이 노래를 부르며 청중들도 같이 참여하라고 독려했다. 합창단 단원은 450명으로 불어났고, 그 상점을 찾은 사람들은 누구나 눈물을 흘리지 않을 수 없었다.

당신은 우리가 그와 같이 집중적으로 단결한다면 무엇을 할 수 있는지 상상할 수 있겠는가? 단결은 항상 성공하는 비결의 하나다.

05
13

인생에 있어
중요한 것은

**효과적인
의사소통
능력이다**

많은 사업 분석가들은 오늘날과 같은 사업 환경에서는 의사소통 능력이 판매원, 관리인, 중역 모두에게 가장 중요한 도구라고 생각하고 있다. 시카고의 유명한 어느 회계 회사에서 중요한 지위에 있는 한 남자가 이러한 견해의 좋은 예다.

  그는 회계를 배운 적이 전혀 없고, 영문학 석사 학위를 갖고 있을 뿐이다. 그런데도 많은 사람들이 그가 회사에서 영어를 말하는 유일한 사람인 양 그하고만 이야기하려 한다.

그가 맡은 일은 회계사들이 집계한 숫자와 사실을 고객에게 전달하는 것이다. 그는 회계 전문가가 아니더라도 누구나 쉽게 이해할 수 있는 말로 최종 보고서를 작성한다. 말하자면 그는 회사의 대변인으로서 아주 많은 돈을 벌고 있었던 것이다.

스포츠계의 사람들도 의사소통 능력의 중요성을 인정하지 않을 수 없게 되었다. 의사소통 능력이 수입에 있어서 엄청난 차이를 낳기 때문이다. 예를 들어 복싱 선수 슈거 레이 레너드는 의사전달 능력이 뛰어난 선수 중의 한 명이다. 그는 경기에서 졌을 때도 생각과 감정을 분명히 표현하는 사교적인 성격으로 수백만 달러에 달하는 광고 계약을 맺을 수 있었다.

당신은 당신 자신을 의사전달자로서 어떻게 평가하는가? 당신은 말로 다른 사람들에게 용기를 줄 수 있는가? 당신은 다른 사람들의 말을 귀 기울여 듣는가? 당신은 적절한 질문을 하는가? 의사전달 능력은 승리자의 열쇠고리에 달려 있는 또 하나의 중요한 열쇠임을 명심하라.

05
14

무엇을 말하느냐가
중요한 게 아니라

**어떻게
듣게 하느냐가
중요하다**

토미 라소다가 감독을 맡은 다저스의 제2군 팀은 턱슨을 맞아 8회 말에 1점 앞서고 있었고, 턱슨은 투 아웃 주자가 만루였다. 라소다는 지금이 투수 바비 오브라이언의 사기를 북돋아주어야 할 때라고 생각했다.

  라소다는 천천히 오브라이언한테 걸어가서 말했다.

  "바비, 지금 당장 천국이 열리고 하늘에서 빅 도저의 목소리가 들리면서 '바비, 너는 이제 죽어 하늘나라로 올 테니 이번 타자가 마지막 타자가 될 거야'라고 말한다면 저 녀석을 아웃시킨 뒤 하늘나라로 가고 싶니, 아니면 저 녀석이 안타치는 것을 본 뒤 하늘나라로 가고 싶니?"

오브라이언이 말했다.

"저 녀석을 아웃시킨 뒤에 가고 싶어요."

"그래 알았다. 아웃시켜. 이번 공이 너의 마지막 공이 아니라고 누가 장담할 수 있겠니? 어쩌면 저 녀석이 네가 살아서 상대하는 마지막 타자가 될지도 몰라."

라소다는 이렇게 말하고 걸어나왔다.

그러나 그가 더그아웃에 채 이르기도 전에 타자가 내야를 뚫고 오른쪽 외야로 빠지는 이루타를 쳐 2점을 빼앗겼다. 후에 라소다는 오브라이언에게 물었다.

"도대체 어떻게 된 거야?"

"죽는다는 말에 불안해서 공에 집중할 수가 없었어요!"

당신은 친구와 가족과 직장 동료에게 어떤 메시지를 전달하고 있는가? 깊이 생각한 다음 말을 하고, 지금 자신이 하는 말에 귀를 기울이면서 상대방이 당신이 의도한 대로 듣고 있는지 확인해 보라.

05
15

자기
자신의

**됨됨이에
만족하는 것은
좋은 일이 아니다**

패티 듀크는 1963년 아카데미 시상식에서 가장 어린 나이에 최우수 여우조연상을 받는 영예를 차지했다. 그렇지만 그와 같은 직업적인 성공에도 불구하고 그녀는 철저하게 불행했다. 그녀는 어린 시절부터 공포 장애에 시달렸고, 18살 때 끔찍한 우울증을 겪은 뒤에는 심각한 정신 이상을 보였다.

그 후 몇 년 동안 듀크는 여배우로서 화려한 활동을 할 수 있었지만, 그녀의 개인적인 삶은 난장판과 다를 바 없었다. 그녀는 자신을 조울증 장애라고 진단하고 약을 처방해

준 정신과 의사에게 도움을 청했다. 그녀는 3주 만에 전에는 한 번도 느껴 본 적이 없는 평온함을 느끼면서 나아지기 시작했다.

모든 문제가 약으로 풀린 것은 아니지만 그녀는 남아 있는 문제들을 다루는 법을 배웠다. 그녀는 그 후로 텔레비전용으로 만든 영화에 출현해서 세 번의 에미상을 받았고, 자신의 정신 질환에 대해 이야기함으로써 수많은 사람들에게 희망을 갖게 했다.

오늘날 많은 사람들이 자신만이 아는 문제를 갖고 말없이 씨름하고 있다. 우리는 기꺼이 마음을 열고 우리의 내적 투쟁에 대해 도움을 줄 만한 사람들과 이야기해야 한다. 그리하여 치유를 받고, 나 이외의 다른 사람에게 용기를 주어야 한다. 그것이 인생의 모든 영역에서 성장하는 또 하나의 비결이다.

05
16

인생의 풍족함이나
공허함은

**다른 사람들의
삶에 어떤 영향을 주었느냐에 의해
결정된다**

제프리라는 한 남자가 어느 날 밤 영화관에 갔다. 그는 팝콘을 사기 위해 줄을 서 있다가 뒤에 있는 남자에게 말을 걸었다.

"참 좋으신 분 같군요. 제가 팝콘을 사 드리고 싶은데요."

남자는 어리둥절해했다.

"무슨 말이세요?"

"그냥 팝콘을 사 드리고 싶습니다. 그러면 제 기분이 좋아질 것 같아서요."

"그러세요. 그럼, 그렇게 하세요."

그때 그의 뒤에 있던 남자가 말했다.

"이봐요. 나는 어때요? 나는 좋은 사람처럼 보이지 않습니까? 왜 나는 안 사주는 겁니까?"

제프리는 잠시 망설이다가 말했다.

"선생님도 좋은 분 같으세요. 선생님께도 팝콘을 사 드리겠습니다."

"그럼 저는 당신에게 콜라를 사겠습니다."

"정말이에요? 이왕이면 큰 걸로 사주시면 좋겠습니다."

세 사람이 웃고 농담하는 사이 판매대 앞까지 이르렀다. 그러자 판매대 뒤에 서 있던 남자가 말했다.

"세 분 다 괴짜이시네요! 저는 이 점포의 부지배인인데 오늘 저에게 웃음을 선사하셨으니 세 분께 팝콘과 콜라를 무료로 드리도록 하겠습니다."

오늘 자진해서 누군가를 위해 좋은 일을 하라. 당신이 답례로 받는 그 기쁨은 누군가에게 돌려주어라.

CHAPTER 6
내 삶을 이끄는 것은 무엇인가

복잡한 삶을 한눈에 꿰뚫어볼 수 있는 사람은 거의 없다.
그러나 삶의 한 부분씩 음미해 나가기 시작하면 작은 개선을 이룰 수 있고,
결국에는 삶 전체가 나아질 것이다. 오늘 다시 음미해 봐야 할
삶의 영역이 어디인지를 생각해 보라.

06
01

옳은
일은

**언제
어디에서든
할 수 있다**

밴더빌트 대학에서 여러 해 동안 수학을 가르쳐온 메디슨 사라트 박사는 학생들에게 시험 문제를 내면서 늘 다음과 같은 말을 덧붙였다.

"오늘 치르는 시험은 두 가지로, 하나는 삼각법이고 또 하나는 정직이다. 두 가지 시험에서 모두 합격점을 받기 바란다. 둘 중에 하나를 포기해야 한다면 삼각법을 포기하기 바란다. 선한 사람 중에서는 삼각법에서 합격점을 받기 어려운 사람이 적지 않다. 그래도 그들은 정직의 시험에서는 모두 합격점을 받는다."

　나쁜 일을 하면 어떤 형태로든 늘 부정적인 결과가 따른다. 당장 벌을 받거나 불운이 따르지 않는다 하더라도 내적으로는 늘 무슨 일인가가 일어난다. 그리고 반성하지 않는 한 머지않아 또 다른 나쁜 행실의 씨앗이 된다.

　올바른 일을 하면 늘 긍정적인 결과가 따른다. 그것이 하나의 성과로 나타나기까지는 어느 정도 시간이 걸릴 수도 있으나 반드시 표면 위로 떠오른다는 것을 명심하라.

06
02

많은 사람들이
고급 요리를 만들어야 할 때

**진흙 파이를
갖고 노는 데
열중한다**

옛날에 어떤 사람이 유람선 표를 한 장 산 다음 치즈와 크래커를 잔뜩 들고 유람선에 올랐다. 항해 도중 식사 때마다 그는 자신의 방에 혼자 앉아 가져온 치즈와 크래커를 먹었다. 항해가 거의 끝나갈 무렵 선장이 그를 불러 유람선에서 주는 식사가 만족스럽지 않냐고 물었다. 그 남자가 말했다.

"글쎄요, 나로서는 그 정도 식사면 꽤 좋은 편이지요."

선장이 물었다.

"그렇다면 왜 식당에서 식사를 하지 않습니까? 손님께서는 선실에서 치즈와 크래커를 드신다고 하더군요."

그 남자가 말했다.

"배표를 사고 남은 돈이 거의 없어서요. 식사까지 할 만한 여유가 없었습니다."

"뱃삯에 식사 비용이 포함되어 있습니다. 손님은 이미 식사 비용을 다 치르신 것이죠."

그 남자는 선장의 말에 깜짝 놀랐다.

이 남자는 오전 식사, 점심, 고기 요리를 곁들인 가벼운 오후 식사, 저녁, 그리고 밤늦도록 갑판 위에서 연회까지 즐길 수 있었는데도 치즈와 크래커를 먹는 것으로 만족해야 했다. 그 이유는 어처구니없게도 자신에게 주어진 몫을 쓰지 못했기 때문이다.

우리가 우리의 삶을 이와 똑같은 방식으로 바라볼 때가 얼마나 많은가.

우리 스스로 주눅이 들어 인생의 연회를 즐길 비용까지 포함된 승선표를 소지하고 있다는 것을 알지 못해 그것을 제대로 누리지도 못하고 마는 그런 인생이 얼마나 많았는가. 그런 인생을 원하는가? 앞으로의 인생에 최고의 몫을 지불한 승선표가 있다. 최대한 만끽하며 누려라.

06
03

사람들은 보통
일을 할 때

**자신의 에너지와 능력을
25% 정도 발휘하고
만다**

어느 날 한 기업의 사장이 회사 건물을 돌아다니며 방마다 들르기 시작했다. 새로 온 비서가 손에 필기도구를 들고 뒤를 따라가며 사장이 어떤 명령을 내리고, 어떤 변화를 원하고, 어떤 인상을 받는지를 열심히 기록했다. 사장이 복도 끝에 있는 어느 큰 방으로 들어갔다. 그곳의 직원은 의자에 기대앉아 책상에 발을 올려놓고 창밖을 보고 있었다. 사장이 비서에게 말했다.

"저 친구 좀 보게."

비서는 사장이 업무에 태만한 직원을 보고 화가 난 것이 분명하다고 생각했다.

"정말 회사의 수치입니다. 저러고도 월급은 꼬박꼬박 받아가겠지요."

사장이 말했다.

"그 말이 아니야. 저 친구는 전에 좋은 아이디어를 내서 회사 돈 수백만 달러를 절약하게 해준 친구야. 그때도 분명 저 친구는 저렇게 발을 책상에 올려놓고 있었을 거야. 저 친구의 봉급을 올려줘서 좋은 아이디어를 좀 더 생각해내게 격려하고 싶네."

무안해진 비서는 사장의 눈치를 살폈다.

"이 방 창문을 좀 더 큰 것으로 바꾸어 달도록 할까요, 사장님."

어떤 과제를 맡았든 당신의 창의력을 최대한 발휘하라. 100%의 능력을 발휘한다고 해서 일을 떠들썩하게 해야만 하는 것은 아니다. 그것이 자신을 가라앉히고 100% 집중하는 것을 뜻하는 경우도 드물지 않다.

06
04

물질보다

**더
값진 것을
찾아라**

옛날에 백성들로부터 존경받는 왕이 페르시아 지방을 다스리고 있었다. 그는 진심으로 백성을 아끼고 그들을 위해 최선을 다하려 했다. 그래서 수시로 변장을 하고 거리 여기저기를 다니면서 백성들이 어떻게 살고 있나 살펴보았다.

어느 날 왕이 공중목욕탕에 갔다. 한 남자가 지하실 아궁이에 불을 때서 목욕물을 데우는 일을 맡아 하고 있었다. 왕은 지하실로 내려가 불을 지피는 그 남자를 만났다. 그들은 함께 식사를 했고, 왕과 그는 친구가 되었다.

며칠이 지나고, 한 주 두 주가 지났다. 그러던 어느 날 왕이 그 친구를 다시 찾아갔다. 그 친구는 아무도 자기를 찾아오는 사람이 없었고, 또 자기에게 관심을 보이는 사람도 없었으므로 그를 보고 매우 기뻐했다. 마침내 왕은 자신의 신분을 밝혀야 할 때가 왔다고 생각했다. 왕은 주저했다. 그가 지나친 부탁을 할지도 모르기 때문이었다. 그러나 그는 왕에게서 시선을 떼지 않고 말했다.

"다른 사람들도 값진 선물을 받았겠지만, 저로서는 그 무엇보다 값진 선물을 받았습니다. 전하께서는 스스로를 저에게 주셨습니다."

우정을 선물로 주어라. 그것이 당신의 상관이나 부하에게 줄 수 있는 가장 큰 선물이다.

06
05

저질

중역보다

**1급 트럭 운전사가
되는 것이
더 낫다**

어느 날 한 고객 서비스 컨설턴트가 어느 식료품 상점에서 직접 고객을 상대하는 일꾼들을 모아 놓고 이렇게 말했다.

"여러분 각자 스스로의 이름을 걸고 일을 해야 합니다. 여러분이 각자 나름의 방식으로 여러분의 고객에게 만족을 주기 위해 무엇을 해야 하는지 생각해 보십시오."

3주 후에 컨설턴트는 다운증후군을 가진 조니라는 이름의 한 포장부 직원에게서 다음과 같은 말을 들었다. 그는 말했다.

"선생님이 하신 말씀을 듣고 그날 밤 저는 고객을 위해 제가 특별히 무엇을 할 수 있을까를 부모님과 상의해 보았습니다. 저는 여러 해 동안 좋은 글귀를 모아 왔는데, 제가 맡고 있는 손님들에게 그 글귀를 선물하는 게 좋겠다고 결정했습니다."

조니는 자신이 모은 글을 집에 있는 컴퓨터에 입력해서 프린터로 150부를 출력한 다음 크기에 맞게 잘 잘라서 하나씩 접었다고 말했다. 날마다 그는 그중에 하나를 선택하여 식료품을 포장할 때마다 손님에게 말했다.

"이 포장지 안에는 오늘의 명언이 들어 있습니다. 좋은 하루가 되는 데 도움이 되시기를 바랍니다."

머지않아 관리인은 매장을 둘러보면서 손님들이 조니의 줄에만 서 있으려 한다는 것을 눈치챘다.

오늘 어떤 자리에 있든 최선을 다하는 사람이 되어라. 말과 행동 등 모든 면에서 나처럼 내 일을 할 수 있는 사람은 오직 나밖에 없다!

06 06

잘 음미해 보지 않는
인생은

살
가치가
없다

옛날에 집 안팎이 쓰레기 천지인데도 전혀 치우지 않고 사는 가족이 있었다. 이웃 사람들이 제발 청소 좀 하고 살라고 간청했지만 아무런 소용이 없었다.

 어느 가을날 그 가족의 한 친구가 꽃나무를 한 뿌리 주면서 창문 아래 심으라고 말했다. 그것은 우정의 표시였기에 가족은 친구가 시키는 대로 그 꽃나무를 심었다. 다음 해 봄 푸른 싹이 움터 올라왔고, 얼마 지나지 않아 노란 꽃이 피었다. 가족이 모두 거실에 모였을 때 아내가 말했다.

"꽃이 참 고와요. 꽃이 좀 더 예쁘게 보이게 창문을 닦아야겠어요."

그녀는 창문을 닦고 나자 상대적으로 커튼이 너무 더러워 보여서 커튼도 빨았다. 그녀의 남편은 커튼과 벽지가 너무 대비가 되자 벽지를 다시 바르기로 마음먹었다. 그래서 벽을 칠하고 나니까 자연히 지저분한 뜰이 마음에 걸려 뜰을 가꾸지 않으면 안 되게 되었다.

복잡한 삶을 한눈에 꿰뚫어볼 수 있는 사람은 거의 없다. 그러나 삶의 한 부분씩 음미해 나가기 시작하면 작은 개선을 이룰 수 있을 것이고, 결국에는 삶 전체가 나아질 것이다. 오늘 다시 음미해 봐야 할 삶의 영역이 어디인지를 생각해 보라.

06
07

우리의 앞과 뒤에 있는
문제들은

**우리 안에 있는
문제에 비하면
큰 문제가 아니다**

옛날에 왕이 신하들이 사는 집을 지으려고 목수를 고용했다. 목수가 집을 잘 지어서 왕과 신하들이 모두 만족했다. 그래서 왕이 삯을 넉넉히 주었고 목수는 곧 부자가 되었다.

　어느 날 목수는 생각했다.

　"왕이 넉넉히 값을 치러 주지만 내가 어떤 재료를 쓰고 얼마나 공을 들이는지는 나밖에 모른다. 지금부터는 겉을 예쁘게 꾸미되 안에는 싼 재료를 써야지."

　그리고 그는 생각한 그대로 했다. 예상처럼 그가 부실 공사를 하고 있다는 것을 아무도 눈치채지 못했고, 그런 그는 더욱더 부자가 되었다.

그러던 어느 날 왕이 목수에게 지금까지 지은 집보다 더 좋은 집을 지으라고 명령하면서 비용을 아끼지 말라고 말했다. 목수는 대단히 기뻤다. 마침내 큰돈을 벌 수 있는 기회가 온 것이다. 그는 평범한 재료를 써서 대충대충 일했다. 일을 마치자 왕이 그에게 후한 삯을 주면서 더불어 선물을 건넸다.

"네가 나를 위해 애썼으니 이 집을 선물로 주겠노라!"

목수는 남은 일생 동안 자신이 형편없이 지은 그 집에서 살아야만 했다.

당신이 인생을 어떤 재료로 지을지 주의해서 결정하라. 당신은 영원토록 그 집에서 살아야 할 것이다.

06
08

작은 잘못을
그냥 지나치지 마라

**태산이
될 수
있으니**

랍비 웨인 더시크가 어려서 시카고에 살 때 동네에 벽돌집들이 새로 생기기 시작했다. 동네 꼬마들은 저녁마다 일꾼들이 떠난 빈집에서 놀았다. 어느 날 가서 보니 공사장에 붉은 벽돌 더미가 산처럼 쌓여 있었다. 더시크는 벽돌 한 장을 가졌고, 다른 아이들도 다 한 장씩 가졌다.

　더시크는 벽돌 한 장이 문제가 되리라고는 조금도 생각하지 못했다. 무엇보다 벽돌이 헤아릴 수 없이 많았다. 그러나 그의 부모는 생각이 달랐다.

"그건 도둑질이야."

아버지의 말에 어머니도 덧붙였다.

"내일 아침 등교하기 전에 벽돌을 가져다가 일하는 아저씨께 드리고 죄송하다고 말씀드려라."

더시크는 이해할 수 없었다.

"이 벽돌 한 장 때문에요?"

"몇 명의 아이가 벽돌을 가져갔니?"

"열두 명이 한 장씩이요."

"그러면 한 장이 아니라 열두 장이지. 만 명의 아이가 한 장씩 가져간다면 어떻게 되겠니?"

더시크는 문득 모든 사람이 벽돌을 한 장씩 훔쳐 간다면 어떤 집도 세워지지 못한다는 생각을 하게 되었다.

작은 실수가 하찮게 보일지 모르나 그것이 그 사람 전체에 영향을 미친다. 오늘의 잘못을 스스로 반성하라.

06
09

판단하지
마라

**그래야
실수하지
않는다**

칼라일 인디언 학교에 뛰어난 트랙 경기 팀이 있다는 말이 퍼지자 유명한 라파예트 대학 팀 감독이었던 헤럴드 앤슨 브루스는 인디언 학교의 감독인 와그너에게 단체전을 제안했다. 경기는 널리 홍보되었고, 입장권은 곧 매진되었다.

　브루스는 상대 팀 선수들을 마중 나갔다가 몇 명의 젊은 선수들만 온 것을 보고 당황했다.

　"대체 몇 명이야? 다 어디 간 거야?"

　브루스가 다그치자 와그너가 대답했다.

"5명. 인원은 충분해."

"우리 팀은 46명이야. 총 열한 번의 경기를 뛰어야 해. 정말 끔찍한 일이지만 너희에게는 기회가 없어."

"내기할래?"

브루스가 미처 알지 못한 것이 있었다. 그 다섯 명의 선수 중에는 1912년 올림픽에서 10종 경기와 5종 경기에서 명성을 얻게 되는 짐 도프가 있었다.

경기에서 짐 도프는 5개 종목에서 우승했다. 그는 100미터 경주에서는 2등으로 들어왔다. 또 다른 선수 2명은 800미터 경주, 1,500미터 경주, 3,000미터 경주에서 1등과 2등으로 들어왔고, 또 1명은 400미터 경주에서 우승했다. 다섯 번째 선수는 하이허들에서 우승했다. 승리는 70 대 31로 와 그녀의 팀이 가져갔다.

경기 전 브루스의 평가는 자신이 본 바에 근거한 정당한 것이었을지 모르나 그가 보지 못한 것이 있었다. 팀에 승리를 안겨준 다섯 선수의 경기 능력은 겉으로 봐서는 알 수 없는 것이었다.

승리자는 표면을 뚫고 들어가 '내면'의 이야기에 다다름으로써 다른 사람들의 최선을 믿는 통찰을 얻는다.

06
10

모든 사람의 환심을 사려고
자신을 꾸미는 사람은

**곧
몸과 마음이
지친다**

한 얼간이가 게으른 재단사에게서 양복 한 벌을 새로 맞췄다. 그가 이 양복을 처음 입은 날 친구가 그에게 오른쪽 소매가 너무 짧다고 말해 주었다. 얼간이는 다시 게으른 재단사를 찾아갔다.

게으른 재단사는 옷을 수선할 필요가 없다고 말했다.

"오른쪽 어깨를 약간 올린 다음 왼손으로 오른쪽 소매를 잡아당기면 잘 맞을 거예요."

얼간이는 재단사의 말대로 했다. 그러나 등을 구부리고

왼쪽 어깨를 숙이고 비스듬히 걸어가야 했다.

얼간이는 재단사의 가게를 나와 걷다가 또 다른 친구를 만났다. 얼간이가 친구에게 물었다.

"내 양복 어때?"

"좋은데, 바지 오른쪽이 너무 짧은 것 같아."

얼간이는 다시 발길을 돌려 재단사의 가게로 향했다.

"아, 그건 손님이 오른쪽 소매를 올리려고 등을 굽히면서 바지 오른쪽이 따라 올라가서 그래요. 왼쪽 바지를 약간 잡아 올려서 바지 아랫단을 구두 뒷면에 맞추세요."

그 남자는 재단사의 가게를 나와 자신의 사무실을 향해 절뚝거리며 걸어 내려갔다. 그가 음식점 앞을 지나쳐 가려는데, 그앞에 서 있던 사람들이 그를 보며 떠들었다.

"불쌍하군. 저 사람한테 무슨 일이 있었던 걸까?"

"글쎄. 도저히 알 수 없는 일이지만 저런 폼으로도 양복이 잘 어울려 보인다는 게 신기하군."

당신은 오늘 누구의 기대대로 살아가고 있는가? 진실로 중요한 것은 바른 생각으로 살아가는 것이다.

06
11

사소하든
사소하지 않든

**모든 일을
중요하게
다루어라**

여러 해 전에 존 맥클렐란이 아칸소 주에서 상원의원에 출마했다. 그와 그의 경쟁자가 같은 날 어느 군의 농산물과 가축품평회에서 연설을 하게 되었다. 맥클렐란의 경쟁자가 먼저 연설을 했다. 그는 맥클렐란이 내세우는 모든 정책이 나라에 해로운 것이라고 비난했다. 그가 연설하는 동안 간간이 가벼운 박수가 터졌다.

  연설이 끝나갈 무렵 늦여름의 더위와 습기에 지친 그는 연단에 놓인 물주전자를 집어 유리잔에 따르기 시작했다.

그러나 그는 군중에게 미소를 짓느라 컵에 물이 넘치는 것을 보지 못했다. 이미 넘친 물은 앞줄에 휠체어를 타고 앉아 있던 백발 노파의 머리에 쏟아졌다.

맥클렐란은 몇 사람이 일어나 그 노파의 머리와 옷을 다 닦아줄 때까지 기다렸다. 그리고는 군중에게 말했다.

"여러분은 물 한 잔도 제대로 따르지 못하는 우둔한 상원의원을 원합니까?"

맥클렐란이 그 선거에서 승리했다.

목적을 이루려고 애쓸 때 사소한 일들을 결코 놓쳐서는 안 된다. 그러한 사소한 일들이 쌓여 마침내 목적한 바가 이루어지는 것이다.

06
12

우수함이란

**행동이
아니라
습관이다**

6살 때 그는 동이 트면 일어나 집 근처 건초밭으로 일하러 갔다. 8살 때는 아버지가 하는 저소득 임대 주택을 수리하는 일을 도왔다. 그는 낡은 판자에서 못 하나를 뽑을 때마다 1페니를 받았다. 12살 때 처음으로 읍내 레스토랑에서 '일자리'를 구해 식탁과 접시를 닦고 가끔씩 요리사를 도왔다.

   그는 학교가 끝나면 밤 10시까지 일하고 토요일에는 오후 2시부터 1시까지 일했다. 친구들이 놀러 다니는 모습을 보면 힘이 빠지기도 했다. 그는 자신이 하는 일을 특별히 좋아하지는 않았지만 집 근처의 아이스크림 가게에 가서 친구들에게 한턱낼 수 있어서 기분이 좋았다.

그는 열심히 일하고 믿음직스럽다는 칭찬을 들었다. 그는 중학교 1학년 때 이미 신용 대부를 받을 자격을 얻었다. 세 가지 일을 거의 동시에 하고 있었던 그의 아버지는 그에게 이렇게 가르쳤다.

"희생과 사명을 이해한다면 인생에서 이루지 못하는 것이 없다."

그는 그 교훈을 제대로 배웠다. 그런 인생철학을 갖고 있던 J. C. 와츠 2세이기에 그가 1994년 오클라호마 주에서 공화당 하원의원으로 당선된 것은 전혀 놀랄 일이 아니다.

많은 사람들이 언젠가는 위대한 일을 하겠다고 말한다. 그러나 현명한 사람들은 언젠가가 아니라 오늘 한다.

06
13

뛰어난
재능은

**결코
우연이
아니다**

3살 때 라디오에서 처음 바이올린 독주를 들은 그날부터 이차크 펄만은 바이올린 연주자가 되고 싶어 했다. 그는 바이올린 연주자가 되기 위해 장난감 바이올린을 열심히 연주했다. 그의 음악에 대한 사랑에 감동한 부모는 6달러를 주고 중고 바이올린을 사주었고, 넉넉지 못한 형편인데도 그가 음악 수업을 받을 수 있도록 도와주었다.

　4살 때 펄만은 소아마비에 걸려 1년이 지난 뒤에야 겨우 다리 버팀목과 목발에 의지해서 일어설 수 있었으나 그동안에도 바이올린은 하루도 빠지지 않고 연습했다. 5살 때 그는 텔아비브 음악 학교에 들어갔다. 얼마 후에 그와 그의 부모는 뉴욕으로 이주했다. 뉴욕에서 그는 줄리어드 음악원에 들어가 공부할 수 있었다.

18살 때 카네기 홀에서 가진 그의 첫 공연은 세계적으로 뛰어난 바이올린 연주자들로부터 주목을 받았던 무대였다. 그는 여러 국제 콩쿠르에서 우승했고, 비평가들로부터 "바이올린 연주 분야에서 그가 이룰 수 없는 업적은 없다"는 격찬을 받았다.

펄만은 결혼해서 다섯 아이의 아버지가 된 뒤에도 끊임없이 연주회를 갖고, 바이올린을 가르치고, 장애인 단체를 위해 기금을 모았다. 그의 인생 전체에 걸쳐서 가장 두드러진 점은 자신의 재능에 대한 헌신이었다.

특출한 인생을 사느냐 평범한 인생을 사느냐는 자신이 선택하는 것이다. 어떤 상황에 있든 특출한 삶을 선택하라.

06
14

자신의
능력을

**쓰지 못하면
좌절하게
된다**

레스 브라운은 처음 방송국에서 일을 시작할 때 디스크자키가 되는 것이 꿈이었다. 그러나 그가 하는 일은 잔심부름에 불과했다. 그는 자신의 낮은 지위를 불평하는 대신 방송 전 분야에 정통해지기로 결심했다.

그는 음악 감독 및 제작 감독으로 일했고, 방송 시간을 광고주에게 팔았으며, 여러 연주회의 기획과 사회자로 일했다. 그는 또한 광고방송을 제작하고 감독했다. 요컨대 그는 가능한 많은 재능과 기술을 습득했다.

훗날 레스는 녹음 스튜디오의 음향 기술자가 되고 싶어 하는 한 젊은이를 알게 되었다. 그는 대학에서 음향 공학을 전공했지만 음향 전문가의 일자리는 드물고 구하기도 어려웠다. 그가 권유받은 유일한 일자리는 다름 아닌 스튜디오의 수위였다. 그는 월급이 너무 적었기 때문에 그 제안을 거절했다.

몇 년 후 그는 그때의 일을 후회했다. 그 제안을 받아들였더라면 적어도 그는 아직까지는 녹음 스튜디오에서 일하고 있었을 것이고, 자신이 어떤 능력을 갖고 있는지를 보여줄 기회를 잡을 수 있었을 것이다.

우리는 인생의 어떤 영역에서든 배운 다음에 행한다. '배우고' '행하는' 이 둘은 공존하지 않으면 안 된다. 이 둘이 하나로 합쳐졌을 때 능력은 최대한 발휘될 가능성을 준비하고 있다.

06
15

자신이 승낙한
일이라면

**어떤 일이
있더라도
불평하지 마라**

개 한 마리와 개의 주인이 현관 앞에 앉아 있었다. 개는 끙끙거리고 으르렁대다가 가끔씩 조용히 있기도 하고 한참 있다가 큰 소리로 울부짖기도 했다. 그러는 동안에도 개의 주인은 무관심한 듯한 태도로 말없이 있었다. 그 집 앞을 지나던 한 남자가 물었다.

"개에게 무슨 문제가 있나요?"

개 주인은 아무것도 아니라는 듯 대꾸했다.

"꾀가 밑에 깔려서 그래요."

"그러면 쾨가 아플 텐데 왜 개가 그대로 있죠?"

"생각보다 그리 아픈 건 아니니까요."

우리는 가끔씩 그 개처럼 행동하는 사람들을 만난다. 그들은 자신이 하는 일, 자신이 처한 상황과 환경에 대해 끙끙거리고 으르렁거리며 불평하지만 그 어느 것 하나라도 어떻게 해 볼 만한 충분한 정열은 갖고 있지 않은 것 같다. 그들은 아직 넌더리가 나지 않았고, 넌더리가 나서 질릴 만큼 지치지도 않았다.

작가 존 로저와 피터 맥윌리엄스는 공동으로 책을 쓰면서 이런 현명한 말을 남겼다.

"'그렇지만'은 일종의 버팀목이다. 말하자면 꾸물거리는 자들의 변명거리인 셈이다. 우리는 그것을 핑계로 우리의 게으름을 정당화한다. 어려운 시기가 닥쳤을 때 앞으로 나아가야 할 이유를 찾아야지, 인생을 빈둥거릴 이유를 찾아서는 안 된다."

우리는 이렇게 삶을 살다가 아무렇지도 않게 '그렇지만' '이랬다면' '저랬다면'과 같은 말들의 희생자가 되어서는 안 된다.

06
16

사람들은
결정하고

**그 결정에
책임지면서
성장한다**

의사결정은 결정하고, 결정을 자신의 것으로 만들고, 결정을 끝까지 따르는 것으로 나눌 수 있다. 메리라는 이름의 한 여성은 평생을 그렇게 살았다.

16세에 미혼모가 된 그녀는 삼촌 집으로 도망가 숙식만 제공받으며 일을 하다가 마침내 아기를 낳았다. 아이가 없는 어느 중년 부부가 그녀의 아들을 입양하겠다고 나섰다.

"입양시키지 않겠어요. 저도 제 아이를 낳을 만큼 다 자랐어요. 또 언젠가는 제 힘으로 아이를 기를 겁니다."

그 부부는 그녀가 집으로 돌아갈 돈을 마련하기 위해 일을 하는 동안만이라도 아기를 맡아주겠다고 했고, 메리는 그 제안을 받아들였다.

그 부부는 아기를 받아 안으며 다시는 그 젊은 어머니를 보지 못할 것이라고 확신했다. 그러나 그들이 틀렸다. 메리는 주급 5달러를 받으며 1년 동안 식모로 일해 돈을 모은 다음 부부를 찾아와 아기를 데려갔다.

메리는 집으로 돌아가 결혼을 하고 다섯 명의 아이를 더 낳았다. 그녀는 아이들 모두에게 사랑이 가득한 가정을 만들어주었고, 아이들은 훌륭하게 성장해 음악 선생, 담보 은행업자, 간호사, 음악 치료사, 물리치료사 등 각자의 길로 나아갔다. 그렇다면 처음 태어난 그녀의 큰아들은? 클레브 프란시스는 의사 겸 컨트리 가수가 되었다.

언제나 올바른 결정을 할 수는 없지만 결정한 모든 것을 그대로 지킴으로써 뜻을 이룰 수는 있다.

06
17

생각을
바꿔라

**그러면
세상이
바뀔 것이다**

형제가 보라보라 해안 근처로 다이빙을 하러 갔다. 형제가 탄 보트에는 10세 아이와 아이의 아버지도 함께 타고 있었다.

아이가 계속해서 아버지에게 물었다.

"여기는 상어가 없나요?"

형제는 아이를 안심시키려고 애썼다.

"위험하지 않으니 걱정 말고 맘껏 즐겨."

아이와 아버지가 물속으로 들어가자 형제는 그들에게 아

무 일이 없길 바랐다. 사실 형제는 그 부자가 분명 상어를 보게 될 것임을 알고 있었다. 그들은 먼 바다의 암초 위에서가 아니라 초호(礁湖)에서 잠수를 하고 있었지만 그 초호는 백금니 암초상어가 많은 곳으로 유명했다. 그러나 암초상어는 일부러 화나게 하지 않는 한 위험하지 않았기에 형제는 부자를 안심시킨 것을 잘한 일이라고 생각했다.

아이의 아버지가 물속 산호 위에서 사진을 찍고 있는데 상어 한 마리가 헤엄쳐 왔다. 곧 다른 상어들도 나타났다. 여러 마리의 상어가 그의 오른쪽과 왼쪽을 스쳐 지나갔고, 위와 아래로 헤엄쳐 다녔다. 십여 분 만에 10마리가 넘는 상어가 떼를 이루었다.

잠시 후 아이의 아버지가 보트로 돌아와 말했다.

"참 멋진 곳이지 않나요? 상어가 없어서 참 감사했어요. 상어를 만났다면 정말 당황했을 겁니다."

대부분의 경우에 받고자 한 것을 받게 된다. 두려움을 갖고 일을 한다면 문제를 만나기 전부터 걱정이 앞서 일을 그르치게 될 것이다.

06
18

인간은
측정 불가능한

**가능성을
갖고
있다**

유명한 만화가인 존 칼라한은 인간의 어리석음과 이기심의 본질을 포착해서 사람들을 웃게 만드는 놀라운 솜씨를 갖고 있다. 그는 21살 때 교통사고로 사지가 마비되는 불운을 겪었다.

사고 후 몇 년 동안 칼라한은 자신의 인생이 불행하고 무의미하다고 여겼다. 그러나 27살 때 그는 자신의 문제는 사지의 마비가 아니라 알코올에 대한 의존에 기인하는 것이라는 사실을 알게 되었다.

존은 고등학교를 다니면서 술을 마시기 시작해서 차차 알코올이 그의 인생에서 큰 문제가 되었다. 사고를 당하고도 그는 친구들의 도움으로 계속해서 술을 마셨다. 친구들은 알코올이 그가 즐길 수 있는 몇 안 되는 즐거움의 하나라고 생각했다. 그랬던 그가 자신이 알코올중독자라는 현실에 스스로 당당히 맞서자 사태가 서서히 호전되기 시작했다. 그는 다시 대학을 다니기 시작했고, 자신의 예술적 재능을 재발견하게 되었다.

오늘날 존 칼라한은 자신의 업적을 자랑스러워한다. 그가 이렇게 말한 적이 있다.

"나를 계속 가게 하는 것은 어떤 성취감이다. 내가 인생을 헤쳐 온 이유를 나는 알고 있다."

당신은 누구인가? 그것을 알아내라. 그러면 당신이 인생에서 무엇을 해야 하는지도 분명하게 알 수 있을 것이다.

06
19

전혀 할 필요가
없는 일을

**효과적으로 하는 건
아무런
쓸모가 없다**

한 초병이 날마다 초소를 충실하게 지켰다. 보초는 충실히 책임을 이행했지만 거기에 보초를 세울 뚜렷한 이유는 찾기 어려웠다.

어느 날 지나가던 사람이 그에게 왜 그곳에 서 있느냐고 물었다. 보초는 이렇게 대답했다.

"모르겠어요. 나는 그냥 명령대로 할 뿐입니다."

행인은 보초의 상관에게 가서 거기에 보초를 세우는 이유가 무엇이냐고 물었다. 대장이 대답했다.

"우리는 명령대로 할 뿐입니다."

대장은 왕에게 가서 물었다.

"전하, 우리가 그곳에 보초를 서는 이유가 무엇입니까?"

그러나 왕조차도 대답을 하지 못했다. 그는 현인들을 불러 똑같은 질문을 했다. 그러자 100년 전에 캐서린 대제가 그곳에 장미나무를 심고, 보초를 세워 그 나무를 지키게 했다는 것이 드러났다. 장미나무는 이미 80년 전에 죽었지만 여전히 보초를 세우고 있었다.

작가 애니 딜라드는 이렇게 말했다.

"여러 해 동안 하찮은 친구와 하찮은 식사와 하찮은 여행을 위해 하찮은 시간을 보내며 빈둥거리기 쉬우나, 세계는 사방 어느 곳으로 향하든 그보다는 훨씬 더 넓다. 우리는 카인이나 나자로의 목숨을 살려야 할 때 토마토를 살리고 있다."

당신이 지금 하는 일을 보라. 진정 필요하고 의미 있는 일인가? 당신의 인생에 빛을 줄 수 있는 일인가?

역자 후기

**승리에
이르는
길에 대한
명쾌한 해답**

자연이 화창한 봄에 꽃을 피워 뜨거운 여름에 생명을 키우고 저무는 가을에 열매를 맺듯이, 저무는 가을 들녘 지는 해를 바라보며 올해 나는 과연 어떤 결실을 맺고 있는가 자문해 보게 된다. 다음 해에 싹을 틔우기에는 너무나 미약한 열매일 수도 있고, 왕성한 생명력으로 다시 꽃피어날 좋은 열매일 수도 있을 것이다.

　우리는 모두 삶의 결실로 좋은 열매를 맺기 원한다. 그 좋은 열매를 승리라고 바꿔 말할 수도 있을 것이다. 그러나 이러한 비유를 넘어 승리하는 삶이 과연 어떤 삶이고, 어떻게 해야 승리하는 삶을 살 수 있는가는 쉽게 결론을 내리기 어려운 문제다. 우리는 이 어려운 문제와 관련하여 수많은 해답과 지혜를 알고 있다.

이 책 또한 그러한 해답과 지혜를 우리에게 들려주고 있는 책이다. 그러나 이 책은 좋은 장점 하나를 갖고 있다. 그것은 성공하는 원칙과 관련하여 인용 문구를 짤막하게 제시한 다음 성공의 원칙들을 기억하고 실행에 옮기도록 돕기 위해 저자 자신이 모은 뛰어난 예들을 간명하게 제시해주고 있다는 점이다. 이러한 짜임새는 다른 성공 관련 서적에서는 찾아보기 어려운 것이었다.

이 책의 저자 밴 크로치는 보험 세일즈에서 탁월한 업적을 인정받아 많은 상을 받았고, 현재는 밴 크로치 컨설팅을 창립하여 대표로 일하고 있는 재능이 뛰어난 연설가다. 그는 이 책을 위시하여 베스트셀러인 〈Stay in the Game〉을 저술했고 대기업, 정부 조직, 프로 스포츠 팀, 교회 등 여러 단체에서 동기유발을 위한 세미나와 연설을 하고 있다.

저자는 이 책 곳곳에서 우리가 왜 꿈과 희망을 잃게 되는지, 난관과 장애물에 부딪힐 때에는 어떤 태도를 지녀야 하는지, 꿈을 이루려면 어떤 자세로 실천해 나가야 하는지를 실제의 예나 재미있는 이야기를 통해 생생하게 보여주고 있다. 우리는 누구나 우리의 삶이 성공한 삶이기를 바라고, 꿈꾸던 일을 현실에서 이루기를 원한다.

그러나 이 세상을 살아가면서 여러 난관과 장애물에 부딪히면서 과연 내가 성공할 수 있을까, 내 꿈이 이루어질 수 있을까 하고 의심하기 시작하다가 급기야는 꿈과 희망마저 잃게 된다. 저자는 우리에게 꿈과 희망을 잃지 않으면 언젠가 그것이 반드시 실현된다면서 용기를 북돋아주고 있다.

―

2002년 월드컵이 한창일 당시의 화두는 아마도 뜨겁게 달아오른 월드컵 열기 한가운데서 관중석을 수놓은 대형 표어 '꿈은 이루어진다'일 것이다. 우리 국민은 모두 4강이라는 꿈이, 전에는 꿈에 불과하고 현실로는 도저히 불가능할 것 같았던 일이 이루어진 감격에 서로 얼싸안고 환호했다. 그렇게 되기까지에는 뛰어난 지도자와 그를 따르는 많은 선수들의 땀과 노력이 있어야 했다.

 이 책을 그때의 감격과 비교할 수는 도저히 없겠지만, 그래도 이 책에는 승리에 이르기 위해서는 어떤 리더십이 있어야 하고, 얼마나 많은 땀과 노력이 필요한지를 말해주는 감격이 있다. 이 책이 독자 모두에게 리더십의 중요성을 자각하고, 각오를 다시 다지는 계기가 될 수 있을 것이다.

 "너는 가진 것 없고, 자질도 없고, 능력도 없으니 승리자가 될 수 없다고 말하는 사람들이 있는가? 그들이 뭐라고 하든 너의 할 일을 하라. 승리를 위해 한 걸음 더 나아가라."

아무것도 못 가진 것이 기회가 된다

초판 1쇄 인쇄   2014년 10월 12일
초판 1쇄 발행   2014년 10월 20일

지은이 밴 크로치
옮긴이 윤규상
펴낸이 한익수
펴낸곳 도서출판 큰나무
등록 1993년 11월 30일 (제5-396호)
주소 (410-817) 경기도 고양시 일산동구 호수로 430번길 13-4
전화 031-903-1845
팩스 031-903-1854
이메일 btreepub@naver.com
블로그 blog.naver.com/btreepub

값 12,000원
ISBN 978-89-7891-289-1 (13190)

잘못 만들어진 책은 구입하신 서점에서 교환해 드립니다.

이 도서의 국립중앙도서관 출판예정도서목록(CIP)은 서지정보유통지원시스템 홈페이지(http://seoji.nl.go.kr)와 국가자료공동목록시스템(http://www.nl.go.kr/kolisnet)에서 이용하실 수 있습니다.(CIP제어번호: CIP2014029129)